CÉLIA RICOTTA MUSSI

COMO INOVAR NA EMPRESA BRASILEIRA
PRINCIPIOS, TÉCNICAS DE GERAÇÃO DE IDEIAS
E FERRAMENTAS DE INOVAÇÃO #

COMO INOVAR NA EMPRESA BRASILEIRA
PRINCÍPIOS, TECNICAS DE GERAÇÃO DE IDEIAS E FERRAMENTAS DE INOVAÇÃO

2018

Créditos:

Copyright: Célia Ricotta Mussi

Capa: Célia Ricotta Mussi

Revisão: Antônio Décio de Carvalho.

Diagramação: Raimundo N.F. Mussi

E-ISBN:

Dedicatória:

Para meu marido, com amor e amizade.

"Dá-se muita atenção ao custo de se realizar algo. E nenhuma atenção ao custo de não realizá-lo".
Phillip Kotler

COMO INOVAR NA EMPRESA BRASILEIRA

SUMÁRIO

INTRODUÇÃO

1. COMO PERDER O BONDE DA INOVAÇÃO

2. PRINCÍPIOS DA INOVAÇÃO

2.1 Principio
2.2 Moléculas da inovação
2.3 Grandes princípios da inovação
2.4 Inovação na Google
2.5 Inovaçao na 3M
2.6 Inovação na Siemens
2.7 Inovação nas grandes empresas brasileiras

. Papel da Inovação em tempos de crise econômica

. Casos de sucesso em grandes empresas

2.8 Empresas mais inovativas do mundo

3. A CRIATIVIDADE E A BASE DA GERAÇÃO DE IDEIAS
3.1 Produtividade do trabalhador brasileiro
3.2 Mudando o país
3.3 Empresas viciadas em copiar
3.4 O que fazer para inovar
3.5 Inovação é a saída.

4. COMO ESTRUTURAR A GOVERNANÇA DA INOVAÇÃO NA EMPRESA?
4.1 Alta administração
4.2 Comitês de Inovação
4.3 Facilitadores e Lideranças
4.4 Times de Inovação

5. DIRETOR DE INOVAÇÃO
5.1 Perfil
5.2 Atributos

6. COMITÊ DE INOVAÇÃO
6.1 Criação
6.2 Composição
6.3 Responsabilidades

6.4 Critérios de mensuração de resultados do portfolio de projetos de inovação
6.5 Critérios de mensuração para cada um dos projetos de inovação
6.6 Definição do orçamento de inovação
6.7 Avaliação dos resultados

7. O QUE É UMA COMPETIÇÃO ENTRE EMPRESAS?

8. TÉCNICAS DE GERAÇÃO DE IDEIAS NA EMPRESA
8.1 Equipe de novas ideias
8.2 Kaizen
8.3 Triz
8.4 Brainstorming
8.5 Gestão do Conhecimento
8.6 Open Innovation
8.7 Co-Criação
8.8 Business design
8.9 Crowdsourcing

9. FERRAMENTAS ESTRATÉGICAS DE APOIO Á INOVAÇÃO
9.1 Plano de Negócios
9.2 Como Elaborar um Pitch
9.3 iTec - Plataforma de Desafios e Soluções Tecnológicas
9.4 SIG - Sistema de Informação Geográfica
 Google Earth
 Google Earth Pro
9.5 Técnicas de Big Data
]9.6 BMC: Business Model CANVAS

9.7 Outras aplicações do CANVAS

9.7.1. IMC: INNOVATION MANAGEMENT CANVAS

9.8 DT: Design Thinking

9.9 Jogo Trilicious

9.10 MVP: Minimum Viable Product.

10. PROPRIEDADE INDUSTRIAL
10.1 Propriedade Industrial
10.1.1 Marca.
10.1.2 Patente

10 .1.3 Busca prévia em Bancos de Dados de Propriedade Intelectual de Patentes
10..2 Inovar para Exportar
10..2.1 Desenhos.
10..2.2 Marcas.
10..2.3 Tecnologia.

11. INOVAÇÃO E PESQUISA TECNOLOGICA
11.1 Inovação Tecnológica
    Conceito
    Classificação
    Projeto de inovação
    Aprovação de projeto de inovação
    Requisitos
    Benefícios

11.2. Pesquisa Tecnológica

12. TIPOS DE INOVAÇÃO
12.1 Inovação de produtos
12.2. Inovação de serviços
12.3 Inovação de processos: Metodologia e Logística
12.4. Inovação no Modelo de Negócios.
12.5.1 Construindo um novo Modelo de Negócio
12.6.2 Business Model Canvas.

13. IMPACTOS DA INOVAÇÃO
13.1 Inovação radical
13.2 Inovação incremental
.

14. FASES DO DESENVOLVIMENTO DE NOVOS PRODUTOS
14.1 Ideação.
14.2 Viabilidade Econômica
14.3 Desenvolvimento
14.4 Teste de Mercado e M*arketing*
14.5 Comercialização

15.FERRAMENTAS DIVERSAS
15,1 Ferramentas para Pesquisa de Mercado
15.2 Ferramentas para Negócios na internet
15.3.Ferramentas Financeiras

16. A SELEÇÃO DE UMA IDEIA GANHADORA
16.1 Viabilidade Técnica.
16.2 Viabilidade Econômica
16.3 Grau de risco.
16.4 Resultado Financeiro Esperado
16.5 Viabilidade do Momento Certo

17. FASES DOPROJETO DE INOVAÇÃO
17.1 Incubação
17.2. Elaboração do Plano de Inovação
17.3 Execução do Plano
17.4 Fechamento

18. AGÊNCIAS DE FOMENTO À INOVAÇÃO
18.1 BNDES- Banco Nacional de Desenvolvimento Econômico e Social
   Programas BNDES à Inovação
   BNDES Soluções Tecnológicas
   Cartão BNDES e o apoio à inovação

18.2 FINEP- Financiadora de Estudos e Projetos

18.3.CNPq – Conselho Nacional de Pesquisa
18.4 FAPESP- Fundação de Amparo à Pesquisa do Estado de São Paulo
18.4 DESENVOLVE SP - Agência de Desenvolvimento Paulista

19. A LEGISLAÇÃO BRASILEIRA DE INCENTIVO Á INOVAÇÃO
19.1 Lei Federal de Inovação
19.2 Conceito de ICT
19.3 Principais Pontos da Lei Federal de Inovação
19.4 Lei do Bem - Visão Geral

19.5 Incentivos Fiscais da Lei do Bem

20 . A LEI DO BEM E OS INCENTIVOS FISCAIS À ÌNOVAÇÃO

20.1 Lei do Bem: Lei 11.196/2005

20.2 Lei da Inovação LEI 4506/ 64

20.3 IN RFB 1.187/2011

20   Investimento em PD&I

20. Porquê usar a Lei do Bem

20. Requisitos

20 .Tributos pelo Lucro Real

.20   Lucro fiscal

20. Regularidade Fiscal

. 20 Rastreabilidade

20. Incentivos Fiscais :

. Exclusão adicional, para apuração do IRPJ e da CSLL, entre 60% e 100% da totalidade dos dispêndios

.Exclusão, na apuração do IRPJ e da CSLL, de no mínimo 50% e no máximo 250% dos dispêndios por Instituição Científica e Tecnológica (ICT)

. Redução de IPI incidente na aquisição de máquinas e equipamentos

. Depreciação integral de máquinas e equipamentos

.Amortização acelerada de bens intangíveis

. Redução da alíquota do IRRF sobre despesas com registro e manutenção de marcas, patentes e cultivares .

20 Grupos de Gastos das Despesas Operacionais de PD&I- :

. Recursos Humanos;
. Serviços de Terceiros;
. Material de Consumo;
.Outros

INTRODUÇÃO

O que é inovar?
- É pensar fora do silo, da caixa;
- É ignorar padrões, é fazer diferente;
- É criar valor.
- Inovação é um conjunto de habilidades que permitem a realização de um futuro desejado" - John Kao

É um jeito de fazer as coisas que requer muita prática e experiência, assim como tocar piano não é algo que se faça imediatamente. Tem que haver um motivo. Pensar no futuro desejado, no que você quer ser, torna uma estrela guia ou a motivação para o trabalho inovador. E continuamente.

Para mudar o caminho neural, sair do silo e pensar diferente, é preciso ter diversidade de informações de várias fontes.

A Inovação passa pelo mercado.

Onde inovar?
- Onde existem dilemas, dúvidas, há espaço para a inovação.

Thomas Edison já dizia: "eu não quero inventar nada que não possa vender". Isso significa que nem toda inovação passa pelo mercado. Algumas inovações não capturam valor.

Como Inovar?
"Se você quer inovação, tem de ter gente que saiba fazê-lo. Se quer gente que sabe fazê-lo, elas têm de aprender como

- O segredo é entender o cliente; melhorar a proposta de valor;

Ter ideias implica em ter várias possibilidades de negócio;
É preciso testar o mercado, testar hipóteses, quantificar, ter números para, depois, gerar a ação de desenvolver uma ideia.

1. Ter consciência da importância de inovar no cenário competitivo vigente.

"Não há como se tornar uma empresa inovadora sem dar a devida importância ao tema."

2. Empresas devem entender o que é inovação e qual é a sua dinâmica. A partir daí, devem definir uma estratégia alinhada com os objetivos da empresa e com sua visão de futuro.

3. Desenvolver e internalizar ferramentas de gestão do processo de inovação.

Dinâmica e Sistema de Inovação

A inovação acontece na empresa. Empresas são o centro da inovação.
Por meio delas, tecnologias, invenções, produtos e ideias chegam ao mercado.
O Sistema de inovação é composto por universidades, centros de pesquisa, agências de fomento, investidores, governo e empresas com clientes, fornecedores, concorrentes e parceiros.
A Tendência existente no mercado é o modelo de inovação aberta (*open innovation*), empresas vão buscar fora de seus centros de P&D ideias e projetos que podem ajudá-las a agregar diferenciais competitivos aos seus produtos e serviços.

Importância
Inovar gera vantagens competitivas em médio e longo prazos.
Inovar torna-se essencial para a sustentabilidade das empresas.
A inovação tem a capacidade de agregar valor aos produtos de uma empresa, diferenciando-a, no ambiente competitivo. Ela é ainda mais importante em mercados *comoditizados,* onde produtos são praticamente equivalentes entre os ofertantes.
Aqueles que inovam de forma incremental ou radical, em relação a produto, processo ou modelo de negócio, ficam em posição de vantagem em relação aos demais.

As inovações permitem que as empresas acessem novos mercados, aumentem suas receitas, realizem novas parcerias, adquiram novos conhecimentos e aumentem o valor de suas marcas.

O *core business* das empresas inovadoras é baseado em inovação e, focando sua estratégia na análise de projeções que ajudam a antecipar tendências, desenvolvem soluções que estejam em sintonia com as necessidades de cada época. As empresas mais inovadoras do Brasil e do exterior se destacam por realizar constantes mapeamentos de cenário e estudos para orientar sua atuação.

1 COMO PERDER O BONDE DA INOVAÇÃO?

É tempo de trocar a marcha.

A Nokia acreditava que, por ter inventado o segmento dos smartphones, não precisasse quebrar paradigmas, e pagou caro pelo seu conservadorismo.

No início dos anos 2000, possuía uma marca no valor de 34,8 bilhões de dólares, e respondia por 4% do PIB da Finlândia, 1/3 do seu lucro era investido em pesquisa realizada em seus laboratórios no país e detinha 40% do mercado mundial de celulares.

Entretanto, uma onda de conformismo tomou conta da empresa. Seus executivos demoraram a perceber que o mercado futuro seria dominado por aparelhos com interfaces sensíveis ao toque.

A empresa, apesar de ter uma boa base de engenharia, atrasou no design e nas evoluções, também ignorou que, com a chegada do Iphone, da Apple, surgia um novo mercado. As pessoas passaram a falar menos e digitar mais, fazendo com que os aplicativos se tornassem ferramentas de sucesso.

A percepção da Nokia, em 2007, era de que as pessoas não gostavam da interface sensível ao toque. Naquele ano, chegou ao mercado o Iphone e foi de comemoração para a Nokia, com a venda do bilionésimo celular no mercado mundial.

O Iphone redefiniu o mercado. Nove anos antes de Steve Jobs revelar o smartphone, a Nokia tinha o protótipo de um aparelho desse tipo, mas não foi veloz para perceber que os celulares estavam prestes a passar por uma metamorfose.

Em 2013, o valor da marca Nokia era de 14 bilhões de dólares e sua participação no mercado mundial, de 17%.

As estratégias adotadas:

Um dos motivos para a queda foram as lojas de aplicativos. Ao contrário da Apple, que já dispunha de experiência em vender músicas com o iTunes, a Nokia criou um modelo parecido para vender App's, e patinava e fechava lojas de aplicativos.

Outra estratégia foi não levar adiante estudos para promoção de tablets semelhantes ao Ipad.

Para recuperar o tempo perdido, a Nokia tem investido forte nos aplicativos.

Em parceria com a Microsoft e com a Universidade Aalto [???], criou a App Campus para desenvolver dispositivos para o sistema Windows Phone e para a plataforma ASHA 501. A empresa busca acumular experiência em design, marketing, branding e questões técnicas.

Vantagem da Integração com Windows

O objetivo da Nokia e da Microsoft é criar experiência para integrar e tornar muitos aparelhos (smartphones, tablets, PC's, TVs, consoles de jogos) compatíveis entre si.

Em 2011, assumiu nova direção. Com um precioso estoque de patentes de 16,5 mil registros, que geram receita de 650 milhões por ano em licenciamentos, a empresa fechou linhas de montagem na Finlândia, Canadá, Romênia e Alemanha e não pagou dividendos aos acionistas.

Para recuperar o tempo e o espaço no mercado, em 2013, com a linha Luma de smarthphones mais sofisticados, ganhou dinheiro e elogios, inovando em câmera, bom sistema de mapas (Here) e design arrojado e colorido.

Sua meta era vender 7 milhões no 2º semestre de 2013 com um acréscimo de vendas de 27%. A Samsung, líder mundial maior que todos os concorrentes (ZTE, HUAWEI, LG e APPLE), vendeu 70,7 milhões [??? 70,7 milhões de dólares ???], de janeiro a março de 2013, e sua participação de mercado é [??? foi ???] maior que todos os concorrentes citados.

Vai demandar muita inovação!

2 PRINCÍPIOS DA INOVAÇÃO

O que é um Principio?

Principĭum, do latim o princípio, é o primeiro instante de algo. Trata-se, portanto, do começo ou início. Princípio também é o ponto que se considera como inicia a origem ou a causa de algo e a razão fundamental ou a base sobre a qual assenta qualquer matéria ou tema.

O conceito de princípio está associado, por outro lado, às proposições ou verdades fundamentais por onde se estudam as ciências ou artes, e às normas fundamentais que regem o pensamento e a conduta.

Os princípios da inovação:

Começar algo para criar ou renovar algo.

- Começar + criar +renovar.

É preciso gerenciar o processo de inovação. Mas como fazer isso?

A inovação é centrada em três fatores principais:

- Geração de novas ideias;
- Seleção das melhores;
- Implementação.

As moléculas de inovação são:

- Mundo dos Insights;
- Mundo das Coisas;
- Mundo das Ideias.

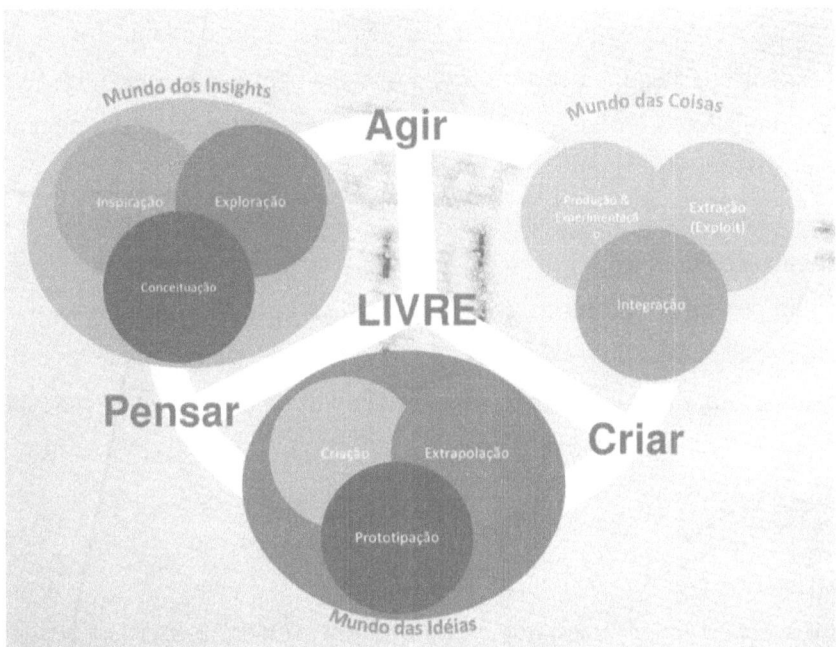

Fonte:

Para Drucker os grandes princípios da inovação são:

1. Atenção ao mercado.

Os inovadores precisam ver, perguntar e ouvir o mercado. Seguidamente, devem procurar potenciais utilizadores dos produtos e serviços para estudarem as suas expectativas e necessidades.

2. Simplicidade.

Uma inovação deve ser simples e centralizada. O maior elogio que uma inovação pode receber é Isto é óbvio! Por que não pensei nisso?

Mesmo a inovação que cria novos utilizadores e novos mercados deverá ser direcionada para uma aplicação específica.

3. Especificidade.

Ideias que revolucionam uma indústria dificilmente funcionam. Tentar fazer algo específico. Poderá ser similar a ideia elementar de colocar o mesmo número de fósforos em todas as caixas, o que deu aos suecos um monopólio mundial durante meio século.

4. Aspiração à liderança.

Ninguém poderá prever se uma determinada inovação se transformará em um grande negócio. Mas uma inovação de sucesso deve aspirar, desde o início, a representar um standard, a determinar a direção de uma nova tecnologia ou indústria. Se uma inovação não aspirar à liderança, é pouco provável que seja inovadora o suficiente.

5. Persistência.

Uma inovação requer mais trabalho do que genialidade. Exige conhecimento. Os inovadores raramente trabalham em mais do que uma área. Thomas Edison, por exemplo, trabalhava estritamente no campo eléctrico.

A inovação exige talento, conhecimento, além de trabalho árduo, centralizado e intencional.

Inovação na Google

Mas não só de sucessos vive a empresa. Dos fracassos vieram às lições aprendidas, e os contínuos investimentos em diferentes áreas para não perder o posto no topo da pirâmide – considero o Google como uma empresa altamente poderosa e praticamente sem limites.

Se a pessoa tem confiança em seu conhecimento, mesmo que venha a fracassar, sabe que pode se levantar e acertar da próxima vez.

A chave da empresa está na capacidade de seus brilhantes funcionários. A hora de contratar essas pessoas tornou-se uma atividade relevante e prioritária. O processo de contratação – realizado por um elite de funcionários – instiga o entrevistado a revelar o seu raciocínio através de perguntas como, "se eu
olhasse o histórico do seu navegador da internet, o que descobriria sobre você que não está no currículo?".

Para a Google as nove regras que qualquer empresa, grande ou pequena, pode adotar para imitar sua cultura inovadora e a que a torna o santo graal da produtividade e criatividade são:

1. INOVAÇÃO VEM DE QUALQUER LUGAR

Ela pode vir de cima para baixo, bem como de baixo para cima, e nos lugares que você menos espera.
.

2. FOCO NO USUÁRIO.

Preocupe-se com o dinheiro mais tarde, quando você se concentrar no usuário, todo o resto se seguirá. Google melhorou a velocidade de seus recursos de pesquisa para que as sugestões de pesquisa surgem após o usuário digitar algumas teclas. Este recurso Instant Search poupa o usuário de alguns microssegundos com cada entrada. Graças ao Instant Search, a Google estima que o tempo economizado é equivalente a dar a volta a humanidade 5.000 anos depois de um ano de uso coletivo.

3. SER DEZ VEZES MELHOR

Se você melhorar as coisas em dez por cento, você só vai ver a mudança incremental. Se você quiser que a inovação seja radical pense 10 vezes melhor , o que irá forçá-lo a pensar fora da caixa.

Por exemplo, em 2004, o Google começou seu projeto Google Books e estabelecem um desafio para organizar toda a informação do mundo e digitalizar todos os livros já impressos na história. A Google já tem digitalizado 30 milhões dos 130 milhões de livros para fazer a varredura, e dezenas de bibliotecas em todo o mundo estão participando do projeto.

4. APOSTE EM CONHECIMENTOS TÉCNICOS

Cada organização tem uma visão única, e se você apostar nela, leva a grande inovação. Os engenheiros do Google, e não a indústria automobilística, surgiu com a idéia de carros sem motorista depois de ver que milhões de mortes no trânsito vêm de erro humano. Trabalhando com uma inteligência artificial da equipe da Universidade de Stanford , os engenheiros do Google têm produzido carros experimentais que já viajaram para diversos locais e deram ao cego mais independência, levando-os para fazer compras e realizar tarefas.

5. INTERATIVIDADE

Enviar seus produtos, muitas vezes e de madrugada, e não esperar por perfeição. Deixe os usuários ajudá-lo na "iteração" dele. Quando o Chrome foi lançado em 2008, a cada seis semanas a Google tem lançado uma versão melhorada. Hoje, o Chrome é o número um dos navegadores em muitos países .Você pode não ter a perfeição em seu produto, mas a tem confiança dos usuários.

6. DÊ AOS FUNCIONÁRIOS DE 20 POR CENTO DO TEMPO : programa de incentivo à inovação

Nesse programa os funcionários são incentivados a dedicar 20% do seu tempo no desenvolvimento de projetos próprios. Eles não ganham ajuda financeira, a recompensa vem do próprio trabalho e do sucesso do projeto que é levado adiante.

Um exemplo de sucesso foi à criação do Gmail, que surgiu exatamente nesses '20% do tempo.

Dê aos funcionários 20 por cento do seu tempo de trabalho para prosseguir os projetos que são apaixonadas. Eles vão deliciar-se com o seu pensamento criativo . No Google, engenheiros e gerentes de projetos têm a liberdade de reservar um dia por semana para trabalhar em uma idéia favorita. Muitas ideias podem acabar como produtos ou melhorias de produtos.

7. PADRÃO PARA ABRIR PROCESSOS

Faça seus processos abertos a todos os usuários. Toque na energia coletiva da base de usuários para se obter grandes idéias.

Quando o Google criou a plataforma Android , sabia que não poderia contratar os melhores desenvolvedores .

 Em termos de marketing, o Google pediu aos usuários como eles iriam comercializar o seu app de busca por voz , e as crianças foram enviadas vídeos inteligentes que rivalizava com as campanhas das grandes agências de publicidade.

8. FALHAR BEM

Se você não falhar muitas vezes, você não está se esforçando o bastante.

No Google, uma vez que o produto não atinja seu potencial, ele é sacado. Fracasso é, na verdade, uma questão de honra , O fracasso é a maneira de ser inovadora e bem sucedida.

9. TER UMA MISSÃO É O QUE IMPORTA

Todos na Google tem um forte senso de missão e propósito. E as pessoas contratadas são as que se encaixam como "criativos inteligentes" – indivíduos determinados, com conhecimento técnico, tino comercial, energia criativa e coragem para correr riscos.

Inovação na 3M

Para a 3M, uma das principais líderes mundiais em inovação, os 10 Principios da Inovação são :

- Delegue responsabilidades e prepare as lideranças;
- Estimule o empreendedorismo e reconheça os melhores;
- Assuma riscos e tolere erros;
- Ter proximidade com o cliente;
- Incentive a colaboração na empresa ;
- Continue sempre crescendo com foco no futuro;
- Trabalhe pensando a curto e longo prazos;
- Aposte na diversidade;
- Desenvolva ao máximo suas competências centrais
- Faça o que você mais gosta de fazer.

Segundo a 3M, os imperativos para a Inovação são:

- Ferramentas,
- Processos,
- Ambiente e
- Pessoas.

INOVAÇÃO NA SIEMENS

Para a Siemens, que tem diversas fabricas no Brasil , empresa que tem no seu DNA a inovação .os princípios da Inovação são::

1.Damos força aos nossos clientes para os manter competitivos.
O nosso sucesso depende do sucesso dos nossos clientes. Partilhamos com eles a nossa experiência e as nossas soluções, para que possam alcançar os seus objetivos de forma rápida e eficaz.

2.Impulsionamos a Inovação para moldar o futuro.
A inovação é vital. Convertemos a imaginação e as boas práticas dos nossos colaboradores em tecnologias e produtos de sucesso. A criatividade e a experiência mantêm-nos numa posição de vanguarda. Aumentamos o Valor da empresa para gerar novas oportunidades.

3.Garantimos um desenvolvimento sustentado através do incremento do nosso valor. Potenciamos a nossa carteira de negócios, a nossa excelência empresarial e as nossas sinergias em todos os segmentos e regiões. Somos investimento de prestígio para os nossos acionistas.

4.Damos autonomia aos nossos colaboradores para atingir níveis excepcionais de desempenho.
Os nossos colaboradores são a chave do nosso sucesso. Trabalhamos numa rede global de conhecimento e aprendizagem. A nossa cultura empresarial caracteriza-se pela sua diversidade, pelo diálogo e pelo respeito mútuo, assim como pelos objetivos claros e por uma liderança eficaz.

5.Assumimos a responsabilidade empresarial para o desenvolvimento da sociedade.

As nossas ideias, tecnologias e atividades ajudam a criar um mundo melhor. Estamos comprometidos com valores universais, boa cidadania empresarial e um meio ambiente saudável. A nossa conduta orienta-se pela integridade perante nossos colaboradores, os parceiros e os acionistas.

Durante nove anos a Apple tem sido a empresa mais inovativa do planeta.

INOVAÇÃO NAS EMPRESAS BRASILEIRAS.

O papel da inovação em tempos de crise econômica

inovação não é apenas criar um novo produto e ter mais lucros, é mais sobre a capacidade de uma organização e mesmo uma sociedade de se transformar na direção que precisam para o futuro. Nada pode ser mais importante para uma empresa..
Para John Kao , na recessão nos Estados Unidos, o Vale do Silício se tornou extremamente inovador e novas coisas aconteceram. Lembre- de mídias sociais, computador pessoal. Todos começaram em períodos de recessão. Assim, pode-se dizer que períodos de crise são particularmente favoráveis para a inovação. Primeiro, há capacidade extra, menos gente trabalhando, mais desempregos, recursos na sociedade que podem não estar sendo utilizados por causa do revés econômico.

- Há mais flexibilidade para fazer coisas novas.
- Segundo, porque quando as coisas estão bem, as pessoas querem fazer aquilo que sabem fazer. Muitas vezes, em tempos difíceis, as pessoas pensam que é preciso apertar , gastar menos em coisas extras, quando, na verdade, esse é exatamente o momento em que é se deveria gastar mais em inovação.

Em Cingapura, durante a última crise econômica, o primeiro-ministro disse: "o país está em recessão e por isso devemos investir ainda mais em inovação". Esse é um exemplo de liderança que realmente entende o conceito. Atualmente, há cerca de 50 países que têm estratégias e planos nacionais de inovação.

Os chineses estão gastando meio trilhão na sua estratégia nacional de inovação. Não é apenas um discurso, é real. Os países, assim como as empresas, são diferentes e estão tentando descobrir seu caminho, mas o importante dessa era da história é que a inovação não é mais considerada um luxo ou algo abstrato. Inovação é uma realidade. As pessoas podem ver, manusear a inovação.

A Confederação Nacional da Indústria selecionou 22 casos de sucesso de inovação na cadeia de valor de grandes empresas brasileiras.
O conjunto de estudos de casos reunidos traz uma série de ensinamentos às empresas brasileiras e ao próprio governo. Cada inovação, cada caso em particular tem a sua própria história, mas descortina horizontes com pontos em comum. Os relatos ajudam a entender o potencial das grandes empresas para induzir trajetórias inovadoras ao longo de suas cadeias produtivas e para alinhar e coordenar os esforços de nosso sistema de inovação.

Há muitas formas de inovar, mas ninguém inova sozinho.
A primeira lista de reprodução traz 22 casos de sucesso de empresas inovadoras e a segunda mostra os depoimentos dos principais líderes dessas mesmas empresas.

O conjunto de estudos de casos reunidos traz uma série de ensinamentos às empresas brasileiras e ao próprio governo. Cada inovação, cada caso em particular tem a sua própria história, mas descortina horizontes com pontos em comum. Os relatos ajudam a entender o potencial das grandes empresas para induzir trajetórias inovadoras ao longo de suas cadeias produtivas e para alinhar e coordenar os esforços de nosso sistema de inovação.

Há muitas formas de inovar, mas ninguém inova sozinho conheça os 22 casos de inovação clicando nas imagens. A primeira lista de reprodução Traz 22 casos de sucesso de empresas inovadoras e a segunda mostra os depoimentos dos principais líderes dessas mesmas empresas.

- Projeto de Inovação em Cadeias Produtivas - Caso Siemens: criou o primeiro transformador seco submersível do mundo econômico e sustentável.

- Projeto de Inovação em Cadeias Produtivas - Caso Natura: Projeto Amazônia da Natura. Aliança estratégica com os parceiros da terra .A empresa apresentou um vetor de crescimento e sustentabilidade para a maior floresta do mundo

- Projeto de Inovação em Cadeias Produtivas - Caso Microsoft : centro de inovação

- Projeto de Inovação em Cadeias Produtivas - Caso Marcopolo : Geração 7

- Projeto de Inovação em Cadeias Produtivas - Caso Klabin : Caixas de Papelão ondulado para frutas.

- Projeto de Inovação em Cadeias Produtivas - Caso Johnson & Johnson : Fio dental

- Projeto de Inovação em Cadeias Produtivas - Caso IBM : inteligência digital . O projeto de Smarters Cities da IBM está difundindo no Rio de Janeiro os sistemas de inteligência digital.

- Projeto de Inovação em Cadeias Produtivas - Caso GE : Produção de locomotivas nacionalizadas (63%).

- Projeto de Inovação em Cadeias Produtivas - Caso Fiat : Projeto Mil – Plataforma aberta.

- Projeto de Inovação em Cadeias Produtivas - Caso Ford ; Projeto Amazon- Eco SPORT

- Projeto de Inovação em Cadeias Produtivas - Caso Embraer : Embraer e o jato Legacy 500: inovação tecnológica no mercado mundial de aviação executiva. Conceito estagio zero.8 poltronas podem virar cama..

- Projeto de Inovação em Cadeias Produtivas - Caso Cristália : P&d de medicamentos AIDS, Eleva, vacina para Hepatite B.

- Projeto de Inovação em Cadeias Produtivas - Caso CPFL : Usina solar de Tanquinho- Planta de energia fotovoltaica.

- Projeto de Inovação em Cadeias Produtivas - Caso Camargo Corrêa : Madeira Certificada

- Projeto de Inovação em Cadeias Produtivas - Caso Brasken :USO DEMATERIAL PLASTICO NA CONSTRUÇÃO CIL- TELHAS, DE PVC, POLIPROPILENO NAS LAJES

- Projeto de Inovação em Cadeias Produtivas - Caso Bosch :Reservatório de partida de combustível para carros flex- Flex Start

- Inovação em Cadeias Produtivas - Caso Altus : Controladores programáveis.

- Projeto de Inovação em Cadeias Produtivas - Caso 3M : modelo de gestão da inovação sustentavel
- Projeto de Inovação em Cadeias Produtivas - Caso Thyssenkrupp ; comissionamento virtual – teste de produção antes da montagem melhorando a produtividade da indústria automotiva.

- Projeto de Inovação em Cadeias Produtivas - Caso Petrobrás

- Projeto de Inovação em Cadeias Produtivas - Caso Oxiteno: Solvente verde para tintas flexográficas na embalagem.

- Case Basf: CASA E- Aplicação de produtos químicos na construção civil.

As Empresas mais inovativas do mundo e suas características :

EXHIBIT 2 | The 50 Most Innovative Companies of 2014

	1 to 10		11 to 20		21 to 30		31 to 40		41 to 50
1	Apple	11	Hewlett-Packard	21	Volkswagen	31	Procter & Gamble	41	Fast Retailing
2	Google	12	General Electric	22	3M	32	Fiat	42	Wal-Mart
3	Samsung[1]	13	Intel	23	Lenovo Group	33	Airbus	43	Tata Consultancy Services
4	Microsoft[2]	14	Cisco Systems	24	Nike	34	Boeing	44	Nestlé
5	IBM	15	Siemens	25	Daimler[3]	35	Xiaomi Technology	45	Bayer
6	Amazon	16	Coca-Cola	26	General Motors	36	Yahoo	46	Starbucks
7	Tesla Motors	17	LG Electronics	27	Shell	37	Hitachi	47	Tencent Holdings
8	Toyota Motor	18	BMW	28	Audi	38	McDonald's	48	BASF
9	Facebook	19	Ford Motor	29	Philips	39	Oracle	49	Unilever
10	Sony	20	Dell	30	SoftBank	40	Salesforce.com	50	Huawei Technologies

Source: 2014 BCG Global Innovators survey.
[1] Includes all Samsung business groups (including electronics and heavy industry).
[2] Includes Nokia.
[3] Includes Mercedes-Benz.

Fonte : Boston Consulting Group (BCG), 2014.

Características das empresas inovadoras

As empresas inovadoras tem vários pontos em comum:

- Abominam a burocracia,
- Investem em ideias de funcionários de todos escalões;
- Foram criadas por inovadores nas suas áreas de atuação;
- Mais de 30% das vendas das empresas são geradas por produtos criados nos últimos 3 anos;
- Concedem bônus aos funcionários que apresentam ideias inovadoras.

São empresa nasceram sem medo de arriscar , valorizam mais a criatividade que o lucro , detestam a burocracia e, sabem ver o lado mercadológico dos avanços científicos e não punem a falha pois sabem que para criar é preciso errar e não tem medo do erro.

A maioria das empresas são de tecnologia e estão situadas no Vale do SILICIO. Entre as 5 primeiras colocadas no ranking 4 são americanas e uma coreana.

Mais de 30% do lucro da maioria das 50 empresas vem de receitas geradas com a venda de produtos criados nos últimos 3 anos.

Vale observar que nenhuma empresa brasileira faz parte do ranking da BCG.

São três os fatores que explicam a falta de empresas brasileiras :

-.Burocracia excessiva;

-.Falta de comunicação entre universidade e empresa

.-falta de uma cultura de inovação ouvindo funcionários de todos setores e níveis e arriscando em projetos inovadores..

3.A CRIATIVIDADE É A BASE DA GERAÇÃO DE IDEIAS

A criatividade é a competência número um do futuro. É o ingrediente secreto do sucesso nos negócios.

Steve Jobs já dizia: "Quero por uma marca no universo". O que têm em comum Jobs, Einstein, Bezos, Da Vinci, Picasso ou John Lennon?

Os inovadores, supostamente, pensam com o lado direito do cérebro e a capacidade de pensar criativamente tem origem genética.

A maioria de nós acredita que algumas pessoas nascem com gens criativos.

Isto não acontece!

A criatividade não é só um dom de genética, é também uma competência cognitiva.

As ideias criativas surgem de competências comportamentais que podem ser adquiridas.

Dois terços de novas capacidades de inovação chegam por meio do aprendizado. Primeiro, as pessoas compreendem a competência e depois, praticam-na.

Se os inovadores podem ser feitos e não apenas nascem, como aparecem essas ideias?

Criatividade

Descobertas inovadoras ocorrem muitas vezes na interseção de disciplinas e campos diversos.

Frans Johanssen é autor de "O Efeito Médici, publicado pela *Harvard Business School Press*, em 2004. Criado na Suécia, ele obteve seu bacharelado em Ciência Ambiental na Universidade de Brown e cursou MBA na Harvard Business School.

Durante seu período na Universidade de Brown, Johansson começou "The Catalyst", uma revista científica interdisciplinar, que tem como objetivo fazer a ponte entre as ciências e as humanidades por meio da arte e da literatura.

"O Efeito Médici argumenta que as ideias mais inovadoras encontram-se nas intersecções das diversas áreas, indústrias, disciplinas e culturas diversas.

Frans Johanssen descreve esse fenômeno como "O Efeito Médici, referindo-se à explosão criativa que ocorreu em Florença quando a família Médici reuniu criadores de um amplo leque de disciplinas – escultores, cientistas, filósofos, pintores e arquitetos.

Quando essas pessoas entraram em contato umas com as outras, criaram novas ideias nos pontos em que seus campos se encontravam e espalharam o Renascimento pela Europa, uma das mais inovadoras épocas da história humana.

As competências da descoberta que constituem o DNA do inovador são:

1 - Pensamento Associativo:

Os inovadores contam com uma competência cognitiva chamada associação.

Pensamento associativo ou associação ocorre quando o cérebro procura sintetizar e tirar sentido de novas informações.

A associação ajuda os inovadores a descobrir novas direções, fazendo ligações entre questões, problemas e ideias aparentemente sem relação entre si.

Descobertas inovadoras muitas vezes acontecem na interseção intersecção de disciplinas e em campos diversos.

2 - Questionamento]:

Os inovadores são grandes questionadores, que mostram paixão pelo ato de perguntar. Suas questões desafiam com frequência o *"status quo"*.

Jobs, por exemplo, perguntou por que o computador precisa de um ventilador.

Eles fazem perguntas para saber como as coisas são, por que são assim e como ser moldadas ou repensadas. Suas perguntas provocam novas compreensões, ligações, possibilidades e direções.

Constata-se que os inovadores demonstram uma alta relação Pergunta/Resposta, em que as perguntas aparecem em número superior às respostas, em uma conversa normal.

3 - Observação :

Os inovadores são grandes observadores. Prestam atenção ao mundo a sua volta, incluindo clientes, produtos, serviços, tecnologias e empresas, e essas observações levam-nos a ter ideias que os conduzem a novos meios de fazer as coisas. São os *"insights"* básicos.

A visita de observação de Jobs à fábrica da Xérox gerou o *insight* que foi o catalisador do *mouse* e do sistema operacional do *Macintosh*.

4 - "*Networking*"

Os inovadores gastam tempo e energia descobrindo e testando ideias por meio de uma rede diversificada de pessoas que têm conhecimentos e perspectivas diferentes.

Aconselhado por um colega da *APPLE*, Jobs visitou uma pequena empresa de computação gráfica que criava efeitos especiais para filmes. Fascinado comprou a empresa e deu nome de Pixar

Se não tivesse conversado com o colega, nunca teria comprado a Pixar e o mundo não se emocionaria com maravilhosos filmes animados.

Os inovadores buscam novas ideias quando conversam com as pessoas capazes de oferecer um ponto de vista radicalmente diferente sobre as coisas.

5 - Experimentação

Os inovadores estão constantemente testando novas experiências e pilotando ideias novas.

Exploram sem cessar a mundo intelectual, desafiam convicções e testam hipóteses.

Visitam lugares diferentes, buscam e avaliam informações novas, provam para aprender fatos novos.

Todos esses conhecimentos variados dão origem a ideias para inovações.

Jobs fez experiências toda a vida: fez meditação, viveu na Índia e teve aulas de caligrafia.

Todos esses conhecimentos iriam originar ideias para inovações na *APPLE*.

Em resumo, as competências da descoberta constituem o DNA do inovador de Ruptura ou o código que produz ideias de negócios inovadores, que são a competência cognitiva de associar e as competências comportamentais de questionar, observar, cultivar o *networking* e experimentar.

4. A CRIATIVIDADE BRASILEIRA E OS DESAFIOS NA PESQUISA E INOVAÇÃO

Um trabalhador brasileiro produz, em média, somente um quarto do que produz um trabalhador americano.

Essa diferença de produtividade pode ser explicada por três fatores:

- nossos trabalhadores , possuem um menor "capital humano , são menos educados e menos qualificados ;

- esses trabalhadores possuem menos "capital físico têm a seu dispor menos máquinas, equipamentos, estruturas e infraestrutura ;

- a "produtividade total dos fatores", é baixa . a ineficiência da economia é tal que trabalhadores com mesmo capital humano e físico que trabalhadores em países avançados produzem menos que estes últimos (isto é, a eficiência produtiva –

A importância relativa de cada um desses fatores varia de país para país. No caso brasileiro, deficiências de capital humano e ineficiência produtiva são dominantes, com peso maior para essa última. Somos pouco produtivos principalmente porque nossa mão de obra é pouco educada e a qualidade da educação é sofrível. Apesar da baixa produtividade do trabalhador brasileiro, o Brasil é um pais inovador em um mundo cada vez mais conectado e colaborativo. O Brasil tem o terceiro maior número mundial de usuários do Facebook, , sendo muitas delas pequenas empresas e startups.

Mas uma nação cujas empresas têm proeminência global nos setores de inovação intensiva tão diversas como a biotecnologia, a energia limpa e aeroespacial definha no indice Global de Inovação elaborado pela Universidade de Cornell, escola de negócios INSEAD e da Organização Mundial da Propriedade Intelectual.
Além do mais, o Brasil também é extremamente ineficaz para os padrões globais em seus esforços para transformar insumos em produtos de **inovação, a partir** de pedidos de patentes para novos produtos, serviços e modelos de negócios.

Apesar disso os s brasileiros têm orgulho de sua criatividade nas artes, arquitetura e futebol também aplicada com sucesso em produtos de empresas como Embraer, Osklen, Natura e Alpargatas (sandálias Havaianas), e o país foi considerado o mais empreendedor de todos os países do G20 pelo relatório Global *Entrepreneurship*, de 2010.

- Mas por que não são vistos , no Brasil, mais *start-ups* buscando tornar-se *Googles, Teslas* ou *Twitters*?

- Por que o país vai tão mal quando se trata de abrir empresas inovadoras com foco em tecnologia?

É "constrangedor" o número de pedidos de patentes feitos por empresas brasileiras na Organização Mundial de Propriedade Intelectual. Em 2012, os

Estados Unidos entraram com 50 mil pedidos; a China, com 17 mil; e o Brasil somente com 600.

O país precisa mudar

O país deve promover avanços no setor, pois, no mundo de hoje, "não é suficiente ser apenas um exportador de *commodities*". É preciso ter uma ciência voltada para negócios. A ciência deve estar voltada para o mercado e os negócios.

O país tem divulgado pesquisas em publicações científicas, mas não trabalhos "com foco em produtos inovadores. Iniciativas do Governo como o programa Ciência sem Fronteiras são "bem-vindas", mas ele mal chega perto de uma Pesquisa e Desenvolvimento voltada para o mercado, que "requer uma abordagem mais simpática a negócios.

O setor privado deve ter um papel mais atuante para mudar este cenário, mas sem reformas econômicas vai ser difícil para o país gerar produtividade e prosperidade para seu setor de pesquisa e desenvolvimento de inovações.

A inovação geralmente brota de uma interação entre capital, conhecimento, espírito empreendedor e um ambiente apropriado.

É possível criar um ambiente desses quando o Brasil investe apenas 1% do PIB em pesquisa e desenvolvimento, contra uma média de 2,3% dos países membros da Organização para Cooperação e Desenvolvimento Econômico (OCDE).

Essa situação de falta de foco e de investimento em inovação tecnológica é a causa da "desindustrialização da pauta de exportações do Brasil", ao lado do apetite da China por *commodities* da agricultura e da mineração.

As exportações dos setores de agricultura e mineração do Brasil ultrapassaram as de bens manufaturados no ano passado.

Um aspecto importante a se destacar é que a internacionalização da função de Pesquisa e Desenvolvimento (P&D), nas empresas transnacionais, vem crescendo nos últimos anos.

Com isso, os países em desenvolvimento estão interessados em receber investimentos diretos estrangeiros (IDE) direcionados às atividades de P&D que venham a se instalar em seus territórios. Seria o caso, por exemplo, de uma empresa transnacional trazer para a sua filial brasileira um novo centro tecnológico com as atividades de P&D.

Temos hoje no Brasil diversas empresas de grande porte, tanto nacionais quanto transnacionais, com sede no país ou no exterior, que possuem aqui centros de pesquisa e desenvolvimento, também chamados de centros de tecnologia ou centros de inovação.

A *Siemens* carrega em sua missão, visão e diretrizes organizacionais o tema inovação, raiz de sua existência e também uma das bases de todas as estratégias e negócios desenvolvidos ao longo de mais de 160 anos de atuação mundial e mais de 105 anos de atuação no Brasil. A *Siemens* investe maciçamente em P&D (R$ 9,8 bi apenas em 2011, o equivalente a 5,3% de sua receita no período), no aprimoramento de sua capacidade criativa e de gestão da inovação.

Hoje, conta com mais de 27 mil profissionais atuando em P&D, distribuídos em 160 centros em 30 países, sendo 8 deles no Brasil. O resultado destes esforços pode ser expresso nas 53.300 patentes em vigor em nível mundial, assim como em uma série de inovações realizadas localmente e com grande relevância global. Vale destacar que essas patentes são usualmente resultado de esforços desses diversos centros de P&D distribuídos no mundo, e não de uma única localidade.

Ela é uma das empresas mais inovadoras do Brasil. Investe muito em práticas de inovação e incentiva o desenvolvimento de soluções sustentáveis om todas as nossas áreas de atuação. Inovar faz parte do seu DNA.

As empresas brasileiras são viciadas em copiar, em vez de inovar

O s brasileiros devem viajar para fora do pais e começar a entender as atividades que funcionam em diversos lugares. Mas, quando voltarem ao Brasil, não devem tirar uma fotocópia e imitar. Precisam saber o que funciona no País e adaptar localmente .Nas grandes empresas brasileiras, , mas quase nenhuma delas tem um departamento de pesquisa e desenvolvimento nos moldes de uma Ford, de uma Toyota ou de uma Nestlé. A ideia é de que a inovação e a pesquisa sempre serão feitas em outro lugar.

O Brasil tem uma grande indústria automobilística, o quinto maior mercado do mundo, mas não há nenhum carro brasileiro. Não há incentivos no Brasil para inovar. No MIT,a principal universidade empreendedora dos Estados Unidos , um professor recebe salário nove meses por ano. Nos outros três, ele precisa se virar. Então, ele cria uma companhia, dá consultoria ou faz mais pesquisas para ganhar mais dinheiro. Há incentivos dentro da universidade para que o professor saia dela e traga conhecimento de fora, como o inverso também é verdade.

O que fazer para inovar?

A Embraer é a terceira maior fabricante de aviões do mundo. Ela faz um produto supertecnológico e supercompetitivo. É um produto de primeira e o Brasil deve ter orgulho de ter a Embraer como companhia. Trata-se de uma meritocracia – obviamente teve toda uma ajuda do governo no começo. A empresa hoje é privada e está competindo no mercado global. Não vejo muitas companhias brasileiras fazendo isso.
Além da Embraer, são consideradas inovadoras a Natura e a B2W com interesse de fazer algo diferente.
A B2W é o perfeito exemplo do "pense global, mas aja localmente". Eles são claramente a Amazon do Brasil, mas estão fazendo do jeito brasileiro.
Não se ve a Vale, , preocupada com inovação. Vejo-a copiando. A BHP, a concorrente australiana, por exemplo, já trabalha com ferrovias robóticas.
Nos Estados Unidos , por exemplo o relacionamento do MIT com as empresas acontece de três formas.
.Se a Vale tem interesse em um trabalho de um determinado professor, ela investe recursos no projeto e tem um relacionamento próximo ao acadêmico.
. A segunda forma de interação é o que chamamos de consórcio. Os professores têm interesse em uma determinada área e buscamos as empresas interessadas nela.
,A última maneira é criar um centro de pesquisa. As empresas interessadas pagam para fazer parte do centro.

5. COMO ESTRUTURAR A GOVERNANÇA DA INOVAÇÃO NA EMPRESA?

Podemos dividir essas tarefas em 4 níveis diferentes

5.1 Alta administração

: são aqueles que definem o que chamamos de estratégia de inovação. São eles que irão dar o direcionamento para o restante da empresa em relação à no que ela quer ser diferente das outras empresas do mercado. Seremos inovadores em que parte do negócio? Essa reflexão deve estar alinhada com a estratégia do negócio e será desdobrada em tipos e temáticas de inovação.

Normalmente esse grupo também define orçamento e grandes metas para os programas.

5.2 Comitês de Inovação

Coordenam as atividades na empresa. A ideia é ter algumas pessoas que possam manter a chama da inovação acesa, não deixando a rotina e os projetos operacionais sobreporem os esforços de inovação.

Mas qual é exatamente o papel desses comitês?

Os Comitês de Inovação são formados por representantes de diferentes áreas e tem o papel de administrar o processo de inovação e acompanhar os resultados.

Trabalham também na estruturação de ações para disseminação da cultura de inovação e realizam a tarefa de priorização de projetos.

São os responsáveis pela comunicação interna e definição de políticas de incentivo envolvimento com o tema.

5.3 Facilitadores e Lideranças

Inovação é um movimento *top-down* nas empresas. É muito comum ver empresas em que as médias gerências se sentem pressionadas pelas questões operacionais e de rotina, inibindo qualquer movimento de maior risco ou incerteza. Dessa maneira, deve-se ter um cuidado especial com essas lideranças intermediárias, preparando-as para serem catalisadores da cultura de inovação.

5.4 Times de Inovação

Esses são times de colaboradores montados de acordo com cada projeto. Eles são os responsáveis em transformar ideias em realidade. Participam da montagem dos planos, da realização dos experimentos e implementação dos projetos. Podem envolver diferentes áreas e são recompensados pelos resultados atingidos.

Seus resultados e o andamento dos projetos são monitorados pelo comitê de inovação.

6. DIRETOR DE INOVAÇÃO

6.1 Perfil ideal

1 A formação acadêmica desejada do candidato a diretor de inovação pode variar em função do ramo de atividade da empresa. Se a empresa é do ramo industrial, fabricante de produtos complexos, poderá haver preferência por engenheiro; se for do ramo de tecnologia da informação, poderá ser um profissional de carreira e formação em análise de sistemas; se for da área financeira ou bancária, seria o caso de um economista ou administrador de

empresas; se for empresa de prestação de serviços, poderá haver preferência por psicólogo ou profissional de outra formação, assim como no caso de alta competividade comercial, poderá haver preferência por profissional de *marketing*.

2 De preferência que tenha mestrado em administração (acadêmico e tradicional), ou MBA internacional em *business*, ou MBA nacional em universidades ou faculdades de renome.

3 Idiomas: excelente português escrito e falado, inglês fluente, sendo desejável mais um idioma de acordo com as comunicações internacionais da empresa, se for o caso.

4 Competências desejadas:

    a – Bons conhecimentos da literatura atual sobre inovação, lembrando que nos EUA já existem mais de 250 livros publicados sobre o assunto, enquanto no Brasil ainda não se chegou a 50% desse total incluindo autores nacionais e os livros traduzidos;

    b – Bons conhecimento de todas as metodologias e ferramentas de análise e melhoria de processos;

    c – Saber identificar necessidades de projetos que envolvam melhorias organizacionais e operacionais da empresa, focados em ganhos de produtividades, ganhos de escala, ganhos de mercado e outros.;

    d – Facilidade de relacionamento em nível de diretoria, conselho de administração, comitês e com outras empresas.

5 Experiência:

    a – Experiência em gestão de mudanças e gestão de pessoas liderando equipe de alto nível técnico;

    b – Vivência empresarial no ramo de atividade da empresa em questão.

6.2 Atributos

As Principais atribuições do Diretor de Inovação são:

– Alinhar as atividades em pesquisa e desenvolvimento realizadas pela empresa no Brasil.

– Estabelecer parcerias com empresas, universidades, instituições e pesquisadores, das áreas pública e privada, no campo da inovação.

– Coordenar os projetos de criação e aperfeiçoamento de centros de Pesquisa e Desenvolvimento (P&D).

– Planejar, criar e coordenar o desenvolvimento de um programa de geração, avaliação e implementação de ideias inovadoras e contínuas.

– Cuidar para que o programa de gestão de ideias inovadoras tenha sempre a participação de todos os colaboradores da empresa e que também ele seja acessível a todos, em todos os níveis.

– Manter contatos com outras empresas que tenham programas de inovações em andamento para permutas de informações. Realizar *benchmarking*, procurando trazer e adaptar as melhores práticas.

– Relacionar-se permanentemente com *stakeholders* (partes interessadas na sociedade anônima: acionistas majoritários e minoritários, credores, fornecedores, clientes, empregados, governo, etc.) em assuntos relacionados a inovações.

– Representar a empresa junto às autoridades de governo, órgãos governamentais e entidades de classe onde houver envolvimento de seus projetos.

6. COMITÊ DE INOVAÇÃO

6.1 Criação do Comitê de Inovação

O Comitê de Inovação é um grupo, com colaboradores de diversas áreas, que assume um papel decisivo para a inovação. Ele foi criado para assessorar a equipe de Inovação nas suas atividades de incentivo à inovação, de valoração e transferência de tecnologia e para apoiar, disseminar e facilitar o caminho da inovação dentro da empresa.

6.2 Composição

O Comitê de Inovação se compõe de um diretor da empresa, um Gerente de nível médio e um encarregado operacional.

6.3 Responsabilidades do Comitê de Inovação

As Responsabilidades ou Atribuições do Comitê de Inovação são:

a. Auxiliar a definir critérios de mensuração dos resultados do *portfolio* de inovação.

b. Auxiliar a estabelecer critérios de mensuração de cada um dos projetos do *portfolio* de inovação.

c. Auxiliar a selecionar ideias que irão para incubação

d. Definir o orçamento global de inovação.

e. Avaliar os resultados obtidos em cada etapa do trabalho.

f. Auxiliar na indicação de consultores para redação de patentes.

g. Auxiliar na avaliação das perspectivas de impacto econômico da inovação.

h. Auxiliar na divulgação dos resultados das pesquisas realizados na empresa.

i. Definir regras de comunicação entre o Comitê e a equipe de inovação.

6.4 Definição de critérios de mensuração de resultados do portfolio de projetos de inovação, focando no resultado do conjunto de projetos

As empresas têm aumentado sua preocupação com indicadores de eficiência, mas sem deixar de pensar na eficácia.

A escolha dos indicadores depende do tipo de valor gerado pelas inovações. As inovações que promovem o aumento do preço dos produtos ou serviços demandam, por exemplo, indicadores de ideação e custo merinnovation [???].

As inovações que geram a redução do custo dos produtos ou serviços demandam indicadores de eficiência de processo, alocação de recursos de P&DI e outros.

Critérios de mensuração de resultados do *portfolio* de projetos:

a. As ideias do *Portfolio* de projeto da empresa são ideias executáveis?

b. Os projetos de inovação são sinérgicos?
c. O mercado demanda esses produtos e serviços?
d. Há necessidade do produto ou do serviço pelo cliente?
e. Os projetos estão alinhados com a estratégia geral da empresa?
f. Há recursos a serem utilizados para alimentar o processo de inovação na organização, como a contribuição de novos produtos e o custo da área de P&DI?
g. A empresa utiliza métodos de produção e materiais comuns?

Conforme mencionado acima, a escolha dos indicadores depende do tipo de valor gerado pelas inovações.

Medição da eficiência da empresa para inovar

Na fase de entrada das inovações, é medida por meio de indicadores de intensidade, que descrevem fluxo de recursos utilizados para alimentar o processo de inovação na empresa, como a contribuição de novos produtos/custos da área de P&DI.

No processo de gestão do *pipeline* [???] de projetos, é avaliada por indicadores do funil de inovação, como o faturamento de novos produtos/número de projetos geridos, a taxa de evolução das probabilidades de sucesso com o tempo e a porcentagem de projetos que cumpriram a que previam [??? cumpriram o que estava previsto .

Na fase de saída da inovação, são adotados indicadores que descrevem o fluxo de resultados obtidos pela empresa através do processo de inovação, como o faturamento gerado por novos produtos nos últimos três anos.

6.5 Estabelecimento de critérios de mensuração de cada um dos projetos de inovação, considerando que cada projeto tem sua singularidade .

A inovação precisa ser medida com indicadores adequados. A mensuração é medida pela eficácia e a eficiência da área.

É feita considerando-se a eficácia e a eficiência da área, a partir de itens como :

a. participação da inovação nos resultados totais da empresa, medida pela porcentagem das receitas provenientes de produtos com até dois anos de vida, desde que foram lançados;

b. retorno sobre o investimento (ROI) retorno sobre o investimento (RSI) em tecnologias, calculado como o investimento feito em tecnologia em relação à receita obtida com os produtos que utilizam a referida tecnologia;

c. índice de aplicabilidade das tecnologias, medido como o número de tecnologias disponibilizadas dividido pelo número de produtos com base tecnológica comercializados;

d. tempo total de aplicação das tecnologias até o [???] mercado;

e. número de patentes depositadas em relação à meta estabelecida;

f. número de trabalhos científicos publicados em revistas representativas e número de apresentações em eventos técnicos.

A empresa analisa a sua capacidade de inovação por meio de indicadores de eficácia e de eficiência.

6.6 Definição do orçamento de inovação

6.7 Avaliar os resultados ao término de cada fase do projeto

7 O QUE É UMA COMPETIÇÃO ENTRE EMPRESAS?

1. A competição entre empresas é uma oportunidade de se criar novas oportunidades de negócios [??? oportunidade de criar novas possibilidades de negócios ??? oportunidade de criar novas modalidades de negócios ???].

2. O processo da competição, um dia de inovação, dentro da empresa envolve [??? No processo de competição, um dia de inovação, dentro da empresa, envolve ??? No processo de competição, um dia de inovação dentro da empresa envolve ???]:

a. convidar equipe "*ad hoc*", formada por vários profissionais, para um dia de trabalho para discutir inovação e buscar ideias de todos colaboradores;

b. preparar o formato de entrega das propostas consolidadas e compartilhadas;

c. apresentar os critérios de mensuração de resultados estabelecidos pelo comitê de inovação;

d. divulgar orçamento e quantidades de projetos selecionados.

O orçamento deve ser de 1 ou 2% do faturamento mensal da empresa e os projetos selecionados serão no mínimo dois. Nossa primeira preocupação foi selecionar seis colaboradores internos da nossa empresa para participar da competição, participando do exercício de pensamento inovador [??? A primeira preocupação da empresa deve ser selecionar certo número de seus colaboradores internos para participa da competição, por meio do exercício de pensamento inovador ???]. Esse exercício é importante para saber se nossa empresa [??? se a empresa ???] já tem maturidade para começar a desenvolver um Plano de Inovação.

Três regras para a primeira competição de inovação da empresa:

a. Garantir o apoio e o envolvimento do Comitê de Inovação, composto pelos três membros: um diretor, um gerente de nível médio e um funcionário operacional do chão de fábrica. Cada um deles apresenta uma visão importante e diferente da empresa. Informe ao comitê de inovação que no próximo dia 2 de agosto de 2013, das 9:00 às 12:00 horas, no salão da empresa...

b. Sugerir um tema específico para cada etapa. Os temas específicos selecionadas para a geração de ideias pelos participantes da competição entre empresas se desenvolverão em 3 etapas, com duração de uma hora cada etapa. Em cada uma das etapas serão geradas, no mínimo, 10 ideias.

Etapa 1: Como entender melhor o que o cliente quer?

Etapa 2: Como verificar se o cliente foi bem atendido?

Etapa 3: Como implementar processos de digestão dos conceitos de Inovação?

c.

EXERCICIO:

O objetivo é discutir e gerar 10 ideias sobre esse tema específico, durante uma hora, olhando sempre pelo lado do cliente e buscando sempre melhorar o nível de serviço prestado pela empresa aos seus clientes.

Após a discussão pelos participantes, as ideias devem ser coletadas e registradas em documento para ser submetido ao Comitê de Inovação, que ira definir quais delas irão para a fase de Incubação.

8. COMO GERAR IDEIAS NA EMPRESA?

Ideação é a Técnica de geração de ideias. É o processo no qual operam novas formas de pensar.

Uma ideia pode ser :
A. Incremental: complementa o contexto existente.
B. Substantiva: expande e cria aditivos ao contexto existente.
C. Disruptiva: cria novo contexto.

Portfolio da empresa com ideias incrementais, substantivas e disruptivas: equilíbrio de ideias.

Como fazer a ideação?

8.1 Equipe de novas ideias

Innovations teams: equipes de funcionários com a meta de gerar ideias.

O êxito da equipe depende muito de se balancear os [??? do balanceamento dos ???] quatros tipos de perfis.

Esta equipe deve ter um bom equilíbrio entre flexibilidade, para poder propor ideias novas, e disciplina, para garantir que as ideias virem produtos ou serviços concretos. Portanto, é importante que a equipe seja montada com pessoas diferentes, com características distintas, para que sejam somadas as habilidades de cada uma delas, tornando o todo mais completo.

Os perfis são :
- . Criadores,
- Conectores,
- Desenvolvedores e
- Executores.

Os criadores

Dentro de uma equipe de inovação, são os criadores que trazem as ideias. Gostam de flexibilidade. Elas precisam ter liberdade para pensar, para ir atrás de coisas novas. Mudam de assunto rapidamente, não conseguem se concentrar numa única atividade. São os criadores que encontram as oportunidades.

Normalmente trabalham na área de *marketing* e de pesquisa.

A atividade dos criadores normalmente são criar listas de ideias ou, então, um rascunho da ideia.

Os conectores

Eles precisam receber várias ideias dos criadores para poder construir um conceito, uma solução.

Também precisam de flexibilidade. Não são tão criativos quanto os criadores, mas têm a capacidade de traduzir as ideias em soluções. É comum encontrar as pessoas com este perfil nas áreas de pesquisa e desenvolvimento, *design*, planejamento estratégico ou gestão da qualidade.

A atividade dos conectores é desenvolver maquetes, desenhos.

Os desenvolvedores

Fazem as soluções funcionarem. Preferem a disciplina à flexibilidade. Frequentemente são engenheiros ou analistas de sistemas. As pessoas com este perfil precisam de um assunto específico para trabalhar. Não se sentem bem fazendo várias coisas ao mesmo tempo.

Os conceitos e soluções pensadas pelos conectores viram protótipos nas mãos dos desenvolvedores. O abstrato começa a virar concreto. As soluções começam a serem produtos.

Os executores

Pautados pela disciplina, o prazer das pessoas com este perfil é entregar o produto, processo ou serviço concluído ao seu cliente. São estas pessoas que irão multiplicar os protótipos construídos pelos desenvolvedores. É com os executores que o protótipo unitário será replicado inúmeras vezes como produto ou serviço final.

Geralmente, são gerentes de projetos, vendedores ou profissionais da produção. Os executores precisam por a mão na massa e têm claramente a visão de início, meio e fim.

Exemplo de uma equipe bem montada

A equipe de desenvolvimento de uma grande multinacional de eletrodomésticos da linha branca.

O gestor do projeto (que tinha como meta lançar um novo refrigerador de uma porta) conseguiu reunir na sua equipe os quatro perfis de pessoas que potencializam o sucesso do lançamento do produto inovador, tendo como resultado o lançamento do produto em prazo recorde e o aumento das vendas desta linha de produtos.

Neste projeto:

- Os criadores encontraram uma oportunidade e descreveram a ideia: "nosso refrigerador deve eliminar o gelo do congelador sozinho".

- A partir daí, os conectores começaram a pensar em soluções para isto: "o compressor da geladeira é uma fonte de calor, então se a água do degelo for direcionada para cima do compressor, ela evapora".

- Com o conceito claro, os desenvolvedores começaram a projetar este sistema: foi dada uma inclinação na bandeja sob o congelador para que a água do degelo escorresse por gravidade até uma tubulação que corria por dentro do isolante térmico até um recipiente que foi colocado sobre o compressor. Muitos testes foram feitos até se chegar na versão final que garantia que a taxa de evaporação era maior que a de formação de gelo. Com os desenhos prontos e o protótipo funcionando,

- Os executores começaram a aquisição dos ferramentais e mudanças na linha de fabricação para que o produto fosse produzido e lançado.

8.2 Kaizen

Permite baixar custos e melhorar produtividade.

Significa mudança para melhor: uma melhoria contínua na vida em geral: pessoal, familiar, social e no trabalho.

O pai do *Kaizen* é o professor Masaaki. Segundo ele, é grande a importância do local de trabalho onde o verdadeiro valor é criado.

No Kaizen, o envolvimento de todos os colaboradores é essencial. É uma metodologia que não se concentra nas elites.

8.3 Triz

Teoria da Resolução de Problemas Inventivos. Método estruturado para solução de problemas.

Com base nas regularidades identificadas foi elaborada uma metodologia para a solução de problemas.

A *Triz* começou a ser desenvolvida durante a Década de 1950, por G. S. Altshuller, na ex-URSS, que estudou patentes de diferentes áreas, para buscar alternativas mais eficazes aos métodos existentes para a solução criativa de problemas.

Esta abordagem diferenciou-se das anteriores por focalizar-se nos registros do produto criativo das áreas técnicas - as patentes. Altshuller definiu quais eram os processos envolvidos na obtenção das soluções criativas contidas nas patentes.

Estudando problemas que haviam sido resolvidos de forma criativa e procurando deles retirar informações que pudessem ser utilizadas para a solução de outros problemas, Altshuller encontrou certas regularidades no processo de solução de problemas.

8.4 Brainstorming

Brainstorming significa tempestade de ideias. É uma expressão inglesa formada pela junção das palavras "brain", que significa cérebro, intelecto e "storm", que significa tempestade.

O brainstorming é uma dinâmica de grupo que é usada em várias empresas como uma técnica para resolver problemas específicos, para desenvolver novas ideias ou projetos, para juntar informação e para estimular o pensamento criativo.

Brainstorming é um método criado nos Estados Unidos, pelo publicitário Alex Osborn, usado para testar e explorar a capacidade criativa de indivíduos ou grupos, principalmente nas áreas de relações humanas, dinâmicas de grupo e publicidade e propaganda.

A técnica de brainstorming propõe que um grupo de pessoas se reúnam e utilizem seus pensamentos e ideias para que possam chegar a um denominador comum, a fim de gerar ideias inovadoras que levem um determinado projeto adiante. Nenhuma ideia deve ser descartada ou julgada como errada ou absurda, todas devem estar na compilação ou anotação de todas as ideias ocorridas no processo, para depois evoluir até a solução final.

Para uma sessão de brainstorming devem ser seguidas algumas regras básicas:

- *é proibido debates e críticas às ideias apresentadas, pois causam inibições,*
- *quanto mais ideias melhor;*
- *nenhuma ideia deve ser desprezada, ou seja, as pessoas têm liberdade total para falarem sobre o que quiserem; para o bom andamento,*
- *deve-se reapresentar uma ideia modificada ou combinação de ideias que já foram apresentadas; por fim,*
- *igualdade de oportunidade - todos devem ter chance de expor suas ideias.*

A técnica do brainstorming, , se popularizou entre as empresas que buscam inovação.
Mas o processo de gerar soluções originais em grupo não é tão simples: para que funcione, algumas condições básicas precisam ser observadas.:
- o brainstorming é uma técnica que facilita a geração de ideias aproveitando algumas características do nosso cérebro.

Ao contrário do que se poderia pensar, dar atenção às bobagens e investir na quantidade e não na qualidade das ideias são algumas atitudes essenciais para que a dinâmica funcione.

Alguns cuidados básicos para fazer um brainstorming de qualidade:

- . Saiba o que é (e para que serve) o brainstorming
   Todos os participantes precisam entender que o processo vai muito além de "uma listinha de ideias",. Na verdade, o brainstorming é uma dinâmica que exige flexibilidade, liberdade e suspensão das censuras. .

Uma equipe usam intensamente a técnica para gerir projetos, mas não em todos os casos. "Alguns projetos simplesmente não acomodam esse tipo de dinâmica..

- Abrace as "bobagens"

"Só saímos do clichê quando nos permitimos falar besteiras", . Isso significa liberdade total para os participantes da reunião. Censurar o outro é proibido.
Aquilo que parece, a princípio, uma grande tolice pode ser o caminho para uma ideia original e viável, se bem trabalhada posteriormente. O segredo é não se preocupar e deixar fluir pensamentos aparentemente infantis, absurdos e ridículos.

- Tenha um tema definido

Por mais que a liberdade seja um grande valor a ser preservado durante o brainstorming, é importante que todos os participantes saibam por que estão ali.Você precisa estabelecer um problema claro a ser resolvido pelo grupo, que pode ser formulado em uma única pergunta, tópico ou expressão..

- 4. Estabeleça um tempo máximo

   Outro fator que ajuda a produtividade é estabelecer um limite de tempo. esse é um elemento importante para pressionar o grupo. Se não houver um controle nesse sentido, a sessão pode se estender demais e perder o rumo.

"Um brainstorming de qualidade com seis pessoas, que dure apenas de cinco a dez minutos, pode gerar cerca de 200 ideias.. .

- 5. Conte com um facilitador

A dinâmica precisa incluir uma pessoa neutra, cujo papel é observar o processo e cuidar do fluxo de ideias. "O facilitador impede que alguém seja censurado ou que uma pessoa se exceda ao tentar vender sua ideia para o grupo", .Outra função dessa figura é ajudar a equipe a não perder o foco. Se as pessoas começarem inadvertidamente a tratar de outros temas, cabe a ele lembrá-las sobre a pergunta original da dinâmica.

- 6. Trabalhe num grupo heterogêneo

Como o brainstorming é baseado em volume e liberdade de ideias, quanto mais cabeças diferentes estiverem trabalhando juntas, melhor. , clientes, fornecedores, usuários finais e outros participantes diversos são bem-vindos. Melhora o muito o processo juntar várias pessoas, homens e mulheres de áreas diferentes, não necessariamente ligadas ao projeto em si..

- 7. Esteja à vontade

O grupo precisa estar relaxado para funcionar. e garantir que o grupo esteja confortável o suficiente para falar o que lhe vem à cabeça, sem filtros.

- 8. Registre tudo rapidamente

Seja numa lousa ou em post-its individuais, é preciso passar as ideias levantadas para o papel.
O registrador não deve ser a pessoa que escreve 'bonito mas sim quem consegue escrever o mais rápido possível.

- 9. Pense duas vezes antes de fazer um encontro online embora não seja proibido, fazer um brainstorming à distância, por teleconferência, pode gerar alguns problemas que merecem consideração.

As dinâmicas presenciais são sempre melhores. Se um ou mais participantes participam remotamente, podem surgir distrações, como emails ou telefonemas. "Falta também a empolgação, a energia do brainstorming feito ombro a ombro",.

- 10. Não discuta todas as propostas levantadas

Brainstormings de qualidade podem gerar centenas de ideias em poucos minutos. "É um equívoco querer discutir cada uma delas em profundidade ao fim do processo",

Depois de registradas todas as propostas, vale pedir para as pessoas assinalarem somente aquelas que merecem ser analisadas. Limpando os excessos, otimiza-se o tempo do grupo e pode-se chegar a boas ideias mais rapidamente.

8.5 Gestão do Conhecimento

A gestão do conhecimento (KM) Knowledge Management é um valioso recurso estratégico para a vida das empresas. No entanto, apenas "saber muito" sobre alguma coisa não proporciona, por si só, maior poder de competição para uma organização. Quando aliado a sua gestão é que ele faz diferença. A criação e a implantação de processos que gerem, armazenem, gerenciem e disseminem o conhecimento representam novo desafio a ser enfrentado pelas empresas.

As empresas reconhecem que o conhecimento necessário para mantê-las competitivas no mercado e melhorar significativamente seu desempenho já se encontra, em boa parte, dentro da própria empresa, perdido nos "labirintos corporativos", depositado em bancos de dados abandonados. E isso reforça a ideia de que o caminho a seguir não é a geração do conhecimento, mas, sim, seu gerenciamento (identificação, classificação em categorias, armazenamento, beneficiamento, disseminação e uso).

O conhecimento inerente às empresas é o que pode ser mais bem aproveitado, mas outras fontes de conhecimento, tais como fornecedores, Internet, consultorias, relatórios financeiros de concorrentes, universidades...

É gerenciar e compartilhar o ativo de informação da empresa. É uma metodologia. Não é uma tecnologia, mas usa tecnologia.

A Informação da empresa pode estar armazenada em:

a. Banco de Dados,

b. Documentos,

c. Procedimentos,

d. Pessoas (experiências e habilidades)

As principais ferramentas utilizadas para prática de gestão do conhecimento nas organizações são:
a. e-mail,
b. fóruns e
c. listas de discussão.

As duas últimas foram apontadas como ferramentas essenciais para a gestão do conhecimento [???], mesmo porque são, na prática, juntamente com o e-mail, as principais formas de disseminação do conhecimento tácito ou implícito, ou seja, do conhecimento detido pelo indivíduo na forma de *know-how* (hábitos, padrões, comportamentos, perspectivas etc.) e não documentado.

As organizações são a principal fonte de conhecimento. Pode-se afirmar que parte desse conhecimento se encontra mais especificamente "na cabeça de seus colaboradores", configurando-se como tácito.

Dessa maneira, fica evidente a razão pela qual as empresas que adotam o KM se valem de ferramentas habilitadoras do compartilhamento do conhecimento tácito.

A Itaipu Binacional é um exemplo. Estatal formada por Brasil e Paraguai, responsável por administrar a usina hidrelétrica, a Itaipu se preocupou, há algum tempo, com a preservação do conhecimento técnico estratégico de seus funcionários, especialmente daqueles envolvidos em atividades de manutenção que estavam próximos de se aposentar depois de uma carreira iniciada durante a construção da usina.

A área de manutenção tende a ter um aumento progressivo da carga de trabalho motivado pelo esperado envelhecimento dos equipamentos. Diante disso, a empresa deu início a um projeto, em uma divisão da superintendência de manutenção, que objetivava a retenção de conhecimento e experiências adquiridas na execução das atividades da área, para que estas continuassem a ser realizadas com excelência, reduzindo a rotatividade de funcionários.

Logo no início, diversas práticas foram implantadas a fim de garantir a transformação do conhecimento tácito em conhecimento explícito. A maioria das práticas estava relacionada ao mapeamento do conhecimento do processo, cujo risco de ser perdido era alto.

8.6 Open Innovation

Inovação aberta é um termo cunhado em 2003 para as indústrias e organizações que promovem ideias, pensamentos, processos e pesquisas abertos, a fim de melhorar o desenvolvimento de seus produtos, prover melhores serviços para seus clientes, aumentar a eficiência e reforçar o valor agregado.

A inovação aberta é um paradigma que assume que as organizações podem e devem usar ideias internas e externas, assim como caminhos internos e externos para o mercado, e trocar informação com o meio externo à empresa, agregando ideias inovadoras.

A inovação aberta se refere, assim, a um fluxo aberto, no qual os recursos se movem facilmente na fronteira entre empresa e mercado.

De maneira oposta, *closed innovation* (ou inovação fechada) refere-se ao processo de limitar o conhecimento ao uso interno da empresa e não fazer uso ou somente pouco uso do conhecimento exterior.

As ideias não ficam restritas ao P&D da empresa. Fontes externas de ideias devem ser consideradas pelas estratégias de inovação.

O mercado é global e é crescente a adesão de consumidores e organizações ao mundo conectado em rede, o que gera conhecimento e ideias a serem captadas pelas empresas.

As grandes empresas podem se beneficiar das startups para inovação aberta

FIAT, Tecnisa, IBM, Lucent, Intel, Novartis, Natura, P&G e indústrias de alta tecnologia (computadores, copiadoras, telecomunicações, farmacêutica, semicondutores e biotecnologia).

Peter Von Dyck aborda os três principais obstáculos para a inovação aberta:
- gerenciar aspectos de propriedade intelectual e outros riscos legais,
- processar ideias rapidamente e estabelecer uma estrutura interna eficiente.

Em um esforço para criar novos produtos de forma mais eficiente e eficaz, muitas empresas estão regularmente e de forma formalizada incentivando ideias de fontes externas. Estas fontes externas incluem indivíduos e organizações, como clientes e fornecedores.

N os últimos anos temos visto algumas das maiores empresas multinacionais do mundo – de P&G a IBM e 3M – implementando programas de "inovação aberta". Acredita-se que cerca de um terço das maiores empresas do mundo utilizam da inovação aberta ;com menores custos de pesquisa e desenvolvimento; e pipeline de novos produtos melhor abastecido.

No entanto, antes de qualquer organização poder colher os benefícios econômicos da inovação aberta, ela deve superar uma série de desafios legais, operacionais e culturais.

Os três principais obstáculos para a implementação bem sucedida de programas de inovação aberta são:

- Gerenciar aspectos de propriedade intelectual e outros riscos legais

- . Processar ideias com rapidez e eficiência

- Estabelecer uma estrutura interna eficiente

. A inovação aberta tem sido tema de discussão nos últimos 10 anos. Pesquisadores têm discutido a prática e empresas a têm implementado. Porém, faltam ainda dados para entender como mensurar os resultados da inovação aberta e como estes influenciam o desempenho das organizações.

Cocriação ou Inovação criativa

É o processo que tem como objetivo definir uma forma de levar um produto/serviço ao mercado.

O resultado poderá identificar a forma de diminuir o risco de lançar um produto novo para o mercado, bem como aumentará a transparência da empresa e dos seus produtos, facilitando uma melhor compreensão deles (como funcionam e como podem ajudar o dia-a-dia do consumidor).

O processo pode ser utilizado com clientes, consumidores, empregados e fornecedores e para aperfeiçoar as necessidades que deverão ser incorporadas aos novos produtos/serviços.

A participação do cliente no processo produtivo é importante para inovar no modelo de negócio, agregando valor a sua oferta, e buscando, assim, se diferenciar das demais empresas.

A análise dos resultados obtidos revelou que:

A participação do cliente é um recurso válido para a diferenciação no mercado e criação de valor para o cliente, independentemente do setor de atuação.

As empresas, no entanto, devem estar em constante renovação, buscando sempre inovar, satisfazer os clientes e gerar benefícios a eles.

Inovação é fundamental para desenvolvimento das empresas, sendo que inúmeras delas estão pouco satisfeitas com os seus produtos e/ou serviços, traduzindo-se numa taxa de sucesso no mercado de 10%, ou seja, 90% falham.

O processo foi utilizado na construção do modelo Canvas, na Wikipédia, no software Linux e nos jogos da Lego.

A Natura faz uso da Co criação para reduzir o impacto ambiental de sua operação. Para atingir esse objetivo estabeleceu os seguintes procedimentos para criar um produto sustentável:

- .Criar pré-requisitos

Novos produtos só podem ser lançados caso emitam menos gases nocivos gerem menos resíduos e usem mais material reciclado nas embalagens do que nas versões anteriores ou similares do mercado.

- Engajar parceiros

Os fornecedores precisam desenvolver componentes que possam reduzir o impacto ambiental dos cosméticos. Os processos a frio reduzem o consumo de energia.

- .Aperfeicoar as embalagens

Reduzir o peso e ter cada vez mais material reciclado e facilitar o processo de reciclagem.

Como funciona o Cocriando Natura?

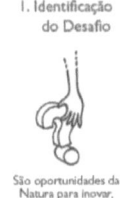    

Fonte: Site Natura

1.Criar pré-requisitos

Novos produtos só podem ser lançados caso emitam menos gases nocivos gerem menos resíduos e usem mais material reciclado nas embalagens do que nas versões anteriores ou similares do mercado.

2 Engajar parceiros

Os fornecedores precisam desenvolver componentes que possam reduzir o impacto ambiental dos cosméticos. Os processos a frio reduzem o consumo de energia.

3.Aperfeicoar as embalagens

Reduzir o peso e ter cada vez mais material reciclado e facilitar o processo de reciclagem.

8.8 Business design

Business Design é uma abordagem centrada no ser humano, para a resolução criativa de problemas. É usado para ajudar a compreender melhor os clientes, criar novas experiências e estratégias de negócios inovadoras de *design* e modelos.

Os princípios e práticas de *Business Design* incluem:

- - Empatia: sendo capaz de ver os desafios e oportunidades das perspectivas dos outros e entender de quê as pessoas realmente precisam.
- - Colaboração Multidisciplinar: aproveitando a criatividade e inteligência de diversas perspectivas para ver a maior oportunidade.
- - Ideação e Prototipagem: explorando muitas possibilidades para chegar à ideia inovadora.
- - Experimentação: testando novas soluções para aumentar a chance de sucesso no mercado.

Onde ele é usado?

O *Business Design* pode ser utilizado em qualquer empresa do setor público e privado.

A metodologia *Business Design* começa com um entendimento de que os clientes realmente precisam. Isto é seguido por uma ampla exploração de novas soluções e culmina com uma estratégia de negócios que cria vantagem competitiva.

Uma empresa global de dispositivos médicos deve repensar a forma como ela ajuda seus clientes e médicos a navegarem pelas complexidades dos sistemas públicos de saúde.

8.9 Crowdsourcing

É o Financiamento coletivo , Quando um grupo se junta para financiar um projeto. Atividade on-line participativa em que um indivíduo, instituição, organização sem fins lucrativos ou a empresa propõe a um grupo de indivíduos de conhecimentos variados e heterogêneos compromisso voluntário de uma tarefa, através de uma chamada aberta
.É também open innovation . Pode-se, também em uma mesma plataforma, associar 3 modelos de desenvolvimento de produtos utilizando :

- co-criação: construção coletiva da inovação.

- open innovation: empresas e clientes discutem juntos a inovação;

- crowdsourcing

Algumas multinacionais como P&G, Pepsico, Lego e IBM utilizam essa junção dos 3 modelos de desenvolvimento de produtos.
.O Linus, Firefox são exemplos de Crowdsourcing.
www.webridgeinnovation.com - site ponte que tem solvers cadastrados.
Asap.me

9. FERRAMENTAS ESTRATEGICAS DE APOIO Á INOVAÇÃO

9.1 Plano de Negócios

Plano de negócios é uma ferramenta de Gestão.

Documento para planejar um empreendimento ou uma unidade de negocio, em estagio inicial ou não com o proposito de definir uma estratégia de atuação para o futuro.
Tem que ser adequado ao perfil do negócio. Não existe roteiro pronto para sua elaboração, é preciso adapta-lo ao tipo de empresa.

Os Planos de Negócios são utilizados na criação de novo empreendimento, desenvolvimento de novas unidades de negócios e no lançamento de novos produtos para busca de recursos financeiros junto a Bancos de Desenvolvimento e Fundações de Amparo á Pesquisa e para busca de parcerias com investidores e competição.

O plano de negócios busca captar recursos de investidores, que buscam ativos de empresas nascentes. O investidor investe capital e a empresa adquire estrutura. O risco é alto porem o retorno financeiro .também .
As empresas de base tecnológica tem um rápido retorno .
Os fundos de investimentos são rigorosos na analise dos projetos. A empresa precisa gerar fluxo de caixa saudável, normalmente para 5 anos
É preciso inovar no modelo de negócios. Ele é dinâmico, pois o mercado é mutante.
Hoje o investidor antes do Plano de Negócios, pede o Canvas , modelo simples e objetivo e sintético.

9.2 • Como Elaborar um Pitch Perfeito?

I – Introdução
   O pitch é uma apresentação de 3 a 5 minutos com objetivo de despertar o interesse do investidor ou cliente pelo seu negócio. Deve conter apenas as informações essenciais e diferenciadas e tanto poder ser apresentados verbalmente ou através de 3 a 5 slides.

Ele deve conter basicamente:

•

Tela 1. Qual é a oportunidade.
- *Tela 2. O Mercado que irá atuar.*
- *Tela 3. Qual é a sua solução.*
- *Tela 4. Seus diferenciais.*
- *.tela 5 O que está buscando.*

Cada negócio tem suas peculiaridades.o investidor estará analisando não só o seu negócio, mas principalmente você, o empreendedor, que deve apresentar claramente sua empresa é demonstrar seu conhecimento e capacidade de execução

Cada investidor tem um interesse distinto, assim, é possível que tenha de elaborar 2 ou 3 versões do seu pitch para apresentar conforme o perfil do ouvinte.

Antes da sua apresentação, procure saber qual é o nível de conhecimento do mesmo sobre o seu mercado e seu negócio. Para investidores que tenham pouco conhecimento, procure fazer um pitch básico; para aqueles que tem know-how no segmento, apresente pitch mais avançado.

II – A Apresentação

Slide 1 – Identificando a Oportunidade

Indicar qual a oportunidade a empresa irá atender, isto é, qual o mercado e a necessidade que o mesmo tem e não é bem atendida pelos players majoritários, de forma bem objetiva e direta.

Exemplo: "Nós iremos resolver o problema das perdas na distribuição de água" -> aqui você já determinou o mercado ("distribuidoras de água") e a oportunidade ("resolver o problema das perdas").

Slides 2 e 3 – Apresentando a sua Solução

A presente rapidamente qual a solução que propõe para atender a necessidade da oportunidade já destacando a sua inovação/diferenciação.
Continuando o exemplo anterior: "através uma tecnologia própria não-invasiva de monitoramento ativo que identifica os pontos de perda para reparo". Veja que não foi necessário detalhar como a mesma funciona, mas ao mesmo tempo já destacou um diferencial ("tecnologia própria").
Insira amostras do seu produto/serviço, sejam telas do mesmo, fotos de um protótipo, um vídeo explicativo, etc. Tudo que facilite o entendimento e demonstre sua capacidade de execução.

Slide 4 – Destacando seus Diferenciais

Reforçar suas vantagens competitivas perante a solução dominante do mercado. Observar que deve-se comparar com quem já tenha maior market-share no mercado que irá atuar independentemente de ser similar.
Exemplo: "Nossa tecnologia, diferentemente do maior player deste mercado, não precisa que se instalem medidores específicos, pois monitoramos o fluxo de água por nosso equipamento de detecção".

Slide 5 – Explanando sua Proposta
- se você estiver apresentando para um investidor: apresentar qual o estágio do seu negócio, qual valor do investimento está buscando e para que será utilizado. Exemplo: "Já temos um protótipo funcional testado e avaliado pela companhia XYZ e estamos buscando um investimento de R$ nnn para completar o desenvolvimento, fabricar as unidades piloto e fechar os primeiros contratos". E completar perguntando se teria interesse em avaliar para investir.
- Se você estiver apresentando para um cliente:
deve apresentar qual sua proposta comercial. Exemplo: "Nossos serviços são remunerados com uma parte da economia que gerarmos para sua empresa; você não precisará fazer qualquer investimento".

.9,3 iTec Plataforma de Desafios e Soluções Tecnológicas

A iTec é um espaço virtual que promove a união entre empreendedorismo, inovação e produção do conhecimento .A plataforma digital de negócios tecnológicos iTec , é um espaço para empresas e instituições científicas e tecnológicas compartilharem demandas e soluções em inovação.Reúne energia, criatividade, competências, define atribuições e responsabilidades para todos os atores ..Pela plataforma os atores do sistema de inovação podem expressar suas demandas, acessar soluções criativas e ampliar a velocidade das iniciativas das empresas, algo muito importante para o mundo atual..

O Brasil tem avançado nas questões relacionadas à inovação, mas ainda é preciso levar o País a outro patamar. A inovação ainda é algo centrado nas grandes empresas e precisamos ser mais inclusivos, trazer as pequenas e médias empresas, as startups", A iTec traz esse conceito da inclusão. É uma plataforma de inovação aberta, colaborativa, elaborada para conectar os diversos atores do Brasil entre si por meio da construção de parcerias em negócios inovadores, associando demanda reprimida e oferta .u.

A Plataforma iTec é um ambiente que permite o encontro de duas complementaridades, aproxima os desafios vividos pelas empresas em inovação e da grande competência técnica existente nas nossas universidades e institutos de pesquisa..

O programa iTec, do qual a plataforma faz parte, recebeu financiamento do MCTI e da UNESCO, que lançaram um edital conjunto para selecionar projetos que promovessem a interação entre os setores acadêmicos e empresarial.

. Os usuários são empresas, pequenas, médias e grandes, empresa incubadas, startups, parques tecnológicos, instituições científicas e tecnológicas (ICTs), entidades como universidades e institutos de pesquisa públicos e privados. Participam empresas com seus Desafios / Demandas Tecnológicas e empresas e instituições que possuam Soluções / Ofertas Tecnológicas que atendam a necessidade do mercado.

O QUE É A PLATAFORMA iTec

O iTEC é uma iniciativa da Secretaria de Desenvolvimento Tecnológico e Inovação – SETEC, do Ministério da Ciência Tecnologia e Inovação - MCTI, que visa ao desenvolvimento da inovação aberta com transferência de tecnologia entre as instituições de pesquisa e os setores empresariais, com a geração de novos negócios.

É uma plataforma aberta de negócios tecnológicos que promove o encontro de empresas que buscam ajuda em seus projetos e organizações que têm as soluções para esses desafios.

É um ambiente de colaboração, parcerias e negócios para acelerar o desenvolvimento tecnológico de formaprática, assertiva e confiável.

O propósito é reunir empresas arrojadas e parceiros com conhecimento de fronteira para aumentar a competitividade, impacto sustentável e robustez dos projetos e ofertas.

Participam empresas com seus Desafios / Demandas Tecnológicas e empresas e instituições que possuam Soluções / Ofertas Tecnológicas que atendam a necessidade do mercado.

Os usuários são empresas, pequenas, médias e grandes, empresa incubadas, startups, parques tecnológicos, instituições científicas e tecnológicas (ICTs), entidades como universidades e institutos de pesquisa públicos e privados

DESAFIOS TECNOLÓGICOS

Aqui as empresas podem abrir suas necessidades e desafios tecnológicos para encontrar potenciais parceiros dentro de uma rede ampliada e qualificada.

O QUE SÃO OS DESAFIOS TECNOLÓGICOS?

Necessidades ou gargalos tecnológicos estruturados de tal forma a facilitar o entendimento e receber propostas de solução.

QUEM PODE SER DEMANDANTE?
Principalmente empresas (Grande, PMEs, Startups)

COMO FUNCIONA?
A empresa posta seu desafio, e este permanece online por até 3 meses. Durante este período, é feita a divulgação, para que solucionadores visualizem e respondam o desafio com propostas.
Após este período, o demandante avalia e dá um retorno a todos os solucionadores que submeteram propostas.

TIPOS DE NECESSIDADES?
Desafios tecnológicos relacionados a processos, produtos, resíduos entre outros. De preferência questões mais amadurecidas, quando já se consegue delimitar com clareza qual o gargalo a ser superado.

TIPOS DE RESPOSTAS?
Deste ambiente pode-se encontrar competências tecnológicas, projetos de P&D, produtos ou serviços tecnológicos, entre outros, que atendam à demanda divulgada.

COMO POSSO USAR A PLATAFORMA PARA POSTAR MEUS DESAFIOS?

Entre no site www.plataformaitec.com.br faça o seu cadastro e da sua empresa para postar o seus Desafios Tecnológicos e buscar potencias Soluções.
EXISTE UM GUIA PARA POSTAR O DESAFIOS TECNOLÓGICOS?
Sim, confira o Guia Prático iTec de Desafios Tecnológicos.

9.4 O Sistema de Informação Geográfica, SIG ou Geographic Information System – GIS) como ferramenta de Inovação

No desenvolvimento de uma inovação, muitas vezes, faz-se necessário associar dados geográficos a outro de natureza socioeconômicos. Atualmente, a ferramenta mais utilizada é o Sistema de Informação Geográfica, mais conhecido por sua sigla SIG s Geographic Information System – GIS).

Por esses Sistema, pode-se associar dinamicamente dados socioeconômicos, tais como densidade populacional, nível de renda, ou nível educacional, a determinado espaço geográfico, seja amplo como uma cidade ou limitado como um de seus bairros.

Em 2004, o Google comprou da Keyhole o programa Earth Viewer, dirigido a sistemas SIG, que apresentava a inovação de utilizar a linguagem KML - Keyhole Markup Language, mais simples e mais eficaz.

Em 2005. A Google o relançou, com o nome de Google Earth. Esse programa permite fácil a cesso a mapas SIG, como gerar mapas nesse Sistema.

O Google Earth pode ser baixado pelo site www.google.com.br/earth em três versões: básica, profissional e empresarial.

A versão profissional possui ferramentas mais adequadas a elaboração de mapas, enquanto a empresarial permite, inclusive, o trabalho por equipes.

A versão básica sempre foi oferecida gratuitamente, em quanto as demais exigiam pagamentos. Entretanto, desde dezembro de 2014, o Google vem disponibilizando a versão profissional gratuitamente.

O Google Earth pode ser complementado por outras ferramentas, tal como a FREE MAPS, disponível gratuitamente no site www.freemapstools.com/hml-file-creator.htm.

☐

SIG, na]concepção inovadora e colaboradora, estámudando para melhor como vivemos nosso dia a dia.

☐

SIGs estãose tornandoumainfraestrutura chaveparaoutros sistemasde informaçãonasorganizaçõestantnaGovernançaPúblicaquantona
Gobernaça Privada
Nesta nova concepçãoo SIG está se popularizando de modo acelera dosemprecedentes Aspessoastem afinidadepor mapas

(Jack Dangermon–presidenteda ESRI) quegerama participaçãocivil, a contar estóriasondese fazcompras etc.

CARACTERISTICAS do Google Earth :
Explore o mundo com o Google Earth.

Explore um vasto conteúdo geográfico
Aplique zoom do espaço sideral até o nível da rua
Pesquise por locais de empresas
Visualize suas trilhas de GPS e compartilhe-as com outras pessoas
Voe pelas cidades (ou pelo mundo inteiro) em 3D
Volte no tempo com as imagens históricas
Dê um mergulho no fundo do mar

CARACTERISTICAS do Google Earth Pro : Tenha acesso a ferramentas corporativas avançadas, além de todos os elementos fáceis de usar e imagens do Google Earth.

.Usar camadas de dados para localizar seu destino demográfico
, Calcular distâncias e áreas utilizando ferramentas de medição
. Usar o Movie Maker para produzir materiais de mídia relacionados
. Imprimir imagens em alta resolução para apresentações e relatórios
.Importar arquivos de vetor e imagem grandes para mapear rapidamente os dados de GIS
. Mapear endereços com o Importador de planilhas

9,5 Estratégias baseadas nas técnicas de "Big Data "

São conjuntos enormes de informações caracterizados por grandes volumes (ordem de grandeza), de grande variedade, que se originam de diversas fontes de dados gerados em alta velocidade e que podem ser obtidos no momento em que são criados. Além da tecnologia que está por trás destas soluções, a importância de Big Data reside no seu impacto no conhecimento corporativo e sua gestão.

Nunca existiu uma tecnologia que prometesse uma mudança tão profunda na forma em que nascem as ideias nas organizações. A possibilidade de tomar decisões inteligentes para criar produtos, prever comportamentos e atuar conforme o contexto, tudo baseado nos dados analisados em tempo real, está mais que nunca ao alcance das empresas.

Quando se fala de "Big Data", do ponto de vista empresarial, a grande oportunidade que as empresas têm é a de extrair inteligência efetiva para os negócios a partir de estes dados.
As ferramentas de análise específicas, também conhecidas como "Analytics", permitem implementar estratégias para conhecer e fidelizar melhor os clientes, reduzir custos operacionais e melhorar seus produtos.
No mundo corporativo, existem exemplos notáveis de criação de vantagens competitivas a partir de estratégias baseadas nas técnicas de "Big Data".
 As empresas de comércio eletrônico utilizam os dados do perfil de seus consumidores, assim como o perfil de navegação, para definir em tempo real os produtos que serão oferecidos a seus clientes. Por exemplo: no Netflix, aproximadamente dois terços de suas vendas são realizadas através de recomendações personalizadas.
As grandes operadoras de Telecom correlacionam os dados do perfil de usuário de seus clientes e do perfil de tarifas para definir as estratégias para reduzir a deserção de clientes.
As empresas do mercado financeiro também correlacionam os dados públicos de várias fontes de seus clientes para auxiliar na construção do perfil de crédito.
As empresas do setor varejista buscam seus pontos de venda utilizando ferramentas que relacionam dados complexos de demografia, fluxo de pessoas e de consumo setorial.

As ferramentas de análise específicas, também conhecidas como "Analytics", permitem implementar estratégias para conhecer e fidelizar melhor os clientes, reduzir custos operacionais e molhorar seus produtos.

O mercado de "Big Data" ainda é relativamente novo se comparamos com o potencial que possui. Em 2013, estudos de mercado indicaram que o mercado global mobiliza aproximadamente US$ 10 trilhões, sendo que aproximadamente 30% deste volume é representado por software, enquanto o resto se divide entre hardware e serviços. Apesar de ser relativamente pequeno, é um dos segmentos de maior crescimento projetado no setor de tecnologia, com índices superiores a 50% ao ano nos próximos anos.

No Brasil, o segmento de "Analytics" deve mobilizar mais de US$ 260 milhões este ano, um crescimento de 70% em relação ao ano passado, segundo dados da consultora Frost & Sullivan.

Depois de um período de "amadurecimento", as soluções de "Analytics" permitirão que as empresas obtenham perspectivas significativas quanto a seus mercados, seus competidores e seus negócios, o que representará um elemento competitivo importante, assim como também criará benefícios de produtividade e inovação.

Desde 2008, mais de 500 empresas já investiram no setor de forma global, um valor superior a US$ 4,9 trilhões, segundo a CB Insights.

No entanto, há um desafio relevante – e que está longe de ser resolvido – de simplificar as soluções de "Analytics" ao ponto de que os usuários de negócios possam utilizá-las, e não apenas os engenheiros especialistas e estatísticos. Em relação a este desafio e a todo o entusiasmo – por vezes exagerado – natural das novas tecnologias, as perspectivas são muito positivas e são corroboradas pela fértil atividade de investimento por parte dos fundos de Venture Capital e Private Equity neste setor, inclusive nas startups.

Se a sua ideia de startup oferece uma solução para este desafio, é muito provável que tenha muito sucesso no mercado nos próximos anos. Siga nosso conselho e explore um novo mercado muito promissor!

Módulos:

01: Introdução a Big Data
02: Dados: origem e formatos
03: Tecnologias
04: Adoção de Big Data pelas empresas: casos de uso
05: Desafios e recomendações para a adoção de Big Data
06: Tendências

9.6 BMC -Business Model Canvas

Serve para conceber diferentes possibilidades de modelos de negócio inovadores É uma ferramenta fácil e prática. Funciona como geração de modelos de negócio ou de melhoria do modelo existente. Proporciona uma visão geral do negócio

É um quadro de modelo de negócios composto por 9 blocos integrados e combinados.

.Surgiu como fruto da pesquisa da tese de doutorado de Alex Osterwalder em 2004

(http://www.hec.unil.ch/aosterwa/PhD/Ostorwalder_PhD_BM_Onlology.pdf), e ficou famoso após a publicação do livro ` Business Model Generation em 2010.

Co-criado por 470 pessoas em vários países. Esse é a inspiração de praticamente todos os outros

Maiores informações: http://www.businessmodelgeneration.com

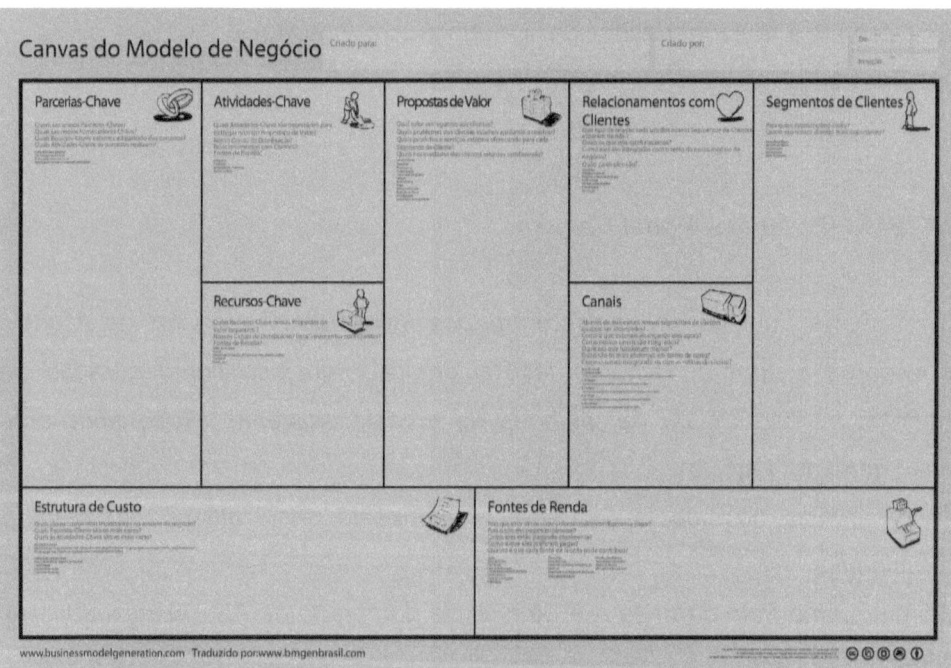

Visão geral do negócio

1. O Que?

1.1. Proposta de Valor:
- Que valor estamos oferecendo a nossos clientes?
- Descreva, precisamente, o produto ou serviço que está sendo oferecido.
- Liste quais expectativas são atendidas pelo seu produto?
- Quais problemas reais estamos nos propondo a resolver?
- Que pacotes de produtos e serviços estamos oferecendo a cada segmento?
- Que necessidades de clientes estamos satisfazendo?
- Qual é o produto mínimo viável - o mínimo que se pretende fazer?

2. Quem:

2.1 Relacionamento com clientes
- Como será feita a interação com os clientes?
- Como conquistamos, mantemos e expandimos o número de clientes?
- Que tipo de relacionamento queremos estabelecer com clientes?
- Como este relacionamento está integrado ao modelo de negócios?
- Qual seu custo?

2.2 Segmentos de clientes
- Para quem estamos criando valor?
- Quem são nossos clientes mais importantes?
- Quais são os arquétipos de clientes?

2.3 Canais
- Como entrego?
- Que canais de comunicação, distribuição e venda utilizaremos para entregar a proposta de valor aos clientes?
- Como são os clientes hoje abordados por outras empresas?
- Quais funcionam melhor?
- Quais têm melhor relação custo-benefício?
- De que maneira estão sendo integradas as rotinas de clientes?

3. Como?

3.1 Parcerias:

- Quais são as parcerias necessárias para criar e entregar nossa proposta de valor?

- Quem são nossos principais fornecedores?

- Que recursos essenciais estamos adquirindo de nossos parceiros?

- Quais atividades essenciais nossos parceiros executam?

3.2 Atividades principais:

- Quais são as atividades necessárias e as mais importantes para fazer funcionar o modelo de negócio?

3.3 Recursos principais:

-Quais recursos são necessários para fazer funcionar o modelo de negócio?

- Quais são os recursos humanos necessários?

- Qual a infraestrutura necessária?

- Há propriedade intelectual envolvida?

4 Quanto?

4.1 Estrutura de Custos

Criar e entregar valor, manter o relacionamento com clientes e gerar receitas, todos geram custos:

- Quais são os custos envolvidos na operação do modelo de negócio?

- Dentre os principais recursos, quais são os mais caros?

- Dentre as principais atividades, quais são as mais caras?

4.2 Estrutura de Receitas

- Qual a forma como é gerada a receita de cada segmento de clientes?

- Quais são as fontes de receita de nosso negócio?

- Por quais benefícios (valor) nossos clientes estão dispostos a pagar?

- Quanto os nossos clientes realmente estão dispostos a pagar?

- Quanto nossos clientes querem pagar pela nossa proposta de valor?

- *Como os nossos clientes querem pagar pela nossa proposta de valor?*

Exercício em Grupo CANVAS – Inovação no Modelo de Negócio

Elabore uma melhoria no Modelo de Negocio para uma empresa existente ou utilize a ferramenta para fazer inovações ou criar um Modelo de Negocio novo.
Use o post it para afixar ideias no Modelo que está sendo desenvolvido pelo grupo de forma colaborativa,
Lembre- se que nenhum bloco pode ficar sem ser preenchido
O CANVAS é uma ferramenta fácil e prática. É um quadro de modelo de negócios composto por nove blocos integrados e combinados. Funciona como geração de novos modelos de negócios ou de melhoria dos existentes, pois proporciona uma visão geral da empresa.

9.7 Outros utilizações do CANVAS

O Canvas tem sem mostrado muito eficiente em função da simplicidade na elaboração e entendimento dos conceitos, além de servir de excelente ferramenta de comunicação e controle na implementação
Nos últimos anos houve aumento significativo no desenvolvimento de ferramentas de gestão para diferentes aplicações. A ideia dessas ferramentas é traduzir conceitos teóricos em modelos que possam ser utilizados de forma objetiva por empreendedores e gestores.
Um Canvas é um mapa visual que apresenta uma estrutura fixa a ser preenchida visando planejamento, reflexão ou mesmo facilitar a visualização de alguma situação específica. Entre as vantagens de utilizar os Canvas está na velocidade de construção / preenchimento, facilidades de comunicação , além de garantir que haja uma relação entre o preenchimento dos blocos que os compõem já que estão todos na mesma página , lado a lado.

.Alguns dos principais Canvas relacionados com inovação que estão sendo largamente utilizados por empreendedores e executivos :

9.7.1. INNOVATION MANAGEMENT CANVAS (IMC)

Para que serve: planejar o programa de inovação corporativo.

Transformamos o nosso modelo de gestão da inovação, o Octógono da Inovação, em uma ferramenta única para concepção inicial das principais diretrizes e políticas que irão guiar a gestão da inovação.

9.7.2. LEAN CANVAS (LC)

Para que serve: conceber diferentes possibilidades de modelos de negócio inovadores especialmente para startups.

É uma variação do modelo anterior porém voltado para startups. O autor combinou os conceitos de customer develop e lean startup ao BMC.

No LC foram trocados 4 blocos em relação ao BMC:

Parceiros, Atividades, Recursos e Relacionamento: por Problema, Solução, Indicadores e Barreira de Imitação. O autor sugere que o BMC possa ser utilizado posteriormente à construção do LC.

Maiores informações: https://leanstack.com/

9 7.3. PROJECT CANVAS (PC)

Para que serve: planejar e controlar a execução de projetos de qualquer natureza.

Utilizando os conceitos de gerenciamento de projeto, esses Canvas surgiram para colocar em 1 página as principais deliberações da fase de planejamento.

Apresento duas versões dos PCs, uma desenvolvida no Brasil pelo Professor José Finocchio Júnior e outra nos Estados Unidos por Jim Kalbach.
Maiores informações: http://www.pmcanvas.com.br/
e http://experiencinginformation.wordpress.com/2012/08/05/the-project-canvas/

9.7.4. BUSINESS MODEL YOU (BMY)

Para que serve: voltado para o planejamento da carreira.

Também criado por Osterwalder em 2012, o BMY promete reinventar a carreira através da reflexão de elementos essenciais para o desenvolvimento profissional. A estrutura é a mesma do BMC mas adaptada para a reflexão sob a ótica do indivíduo.

Maiores Informações: http://businessmodelyou.com/

9.7.5 PRODUCT/MARKET FIT CANVAS (PMFC)

Para que serve: utilizado para descrever o mercado e produto de uma nova iniciativa.
Responde 4 perguntas fundamentais para um novo produto: quem, porque, como e o que o consumidor fará com o novo produto ou serviço.
Esse Canvas foi co-criado por mais de 150 pessoas do mundo todo.

Maiores Informações: http://www.productmarketfitcanvas.com/

9.7.6. MARKETING CAMPAIGN MODEL CANVAS (MCMC)

Para que serve: planejar as campanhas de marketing.
Esse Canvas possui 9 blocos fundamentais para estruturação de uma campanha de marketing. Busca responder questões do tipo: com que estamos falando, quais problemas que eles estão enfrentando, como vamos acessa-los e com qual conteúdo, entre outras variáveis.
Maiores Informações: http://www.b2bento.com/marketing-campaign-model-canvas-free-and-exclusive-download/

9.7.7. INNOVATION PROJECT CANVAS (IPC)

Para que serve: planejar a experimentação de projetos de inovação
Funciona na estruturação e desdobramento de uma ideia de potencial inovador. Apoia também o planejamento da experimentação.
Maiores Informações: http://www.innoscience.com.br/?pg=Contato

9.7.8. STARTUP CANVAS (SC)

Para que serve: organizar a estruturação de uma startup.
Esse é um Canvas com cara de plano de negócios. Bastante completo, aborda os principais tópicos relativos a montagem de um novo negócio como papeis no negócio, discurso de elevador, como adquirir os clientes e outras dimensões de uma startup.
Maiores Informações: http://www.methodkit.com/shop/methodkit-for-startups/

9.7.9. INNOVATION CANVAS (IC)

Para que serve: organizar a busca e estruturação de uma ideia inovadora.

O IC é uma versão reduzida de um business case, apresentando dimensões relacionadas às fontes de insights que geraram a ideia, a própria ideia e suas características e uma visão de mercado.

Maiores Informações: http://www.rose-hulman.edu/offices-and-services/office-of-innovation-engagement/innovation-canvas.aspx

9.7.10. SERVICE INNOVATION CANVAS (SIC)

Para que serve: organizar as ideias de potencial inovador em serviços.

Criado por um grupo de estudantes, esse Canvas traz os principais aspectos a serem levados em consideração quando da inovação em serviços. Traz algumas particularidades relativas a serviços.

Maiores Informações: http://pt.slideshare.net/designthinkers/beta-version-serviceinnovationcanvas

9.7.11. LEAN CHANGE CANVAS (LCC)

Para que serve: planejar as ações para suportar mudanças na organização.

O LCC foi criado combinando o tradicional modelo de gestão da mudança de Kotter com a lógica lean. Dessa combinação saiu o conceito de MVC (minimum viable changes). Essa ferramenta é útil na implementação de mudanças organizacionais decorrente de projetos inovadores ou mesmo para mudar a cultura em prol da inovação.

Maiores Informações: http://agileconsulting.blogspot.de/2012/08/lean-change-part-1-combining-kotter-and.html?m=1

9.7.12. CANVAS4CHANGE (C4C)

Para que serve: planejar as ações para suportar mudanças na organização.

Cumpre o mesmo papel do LCC porém com maiores detalhes.

Maiores Informações: http://canvas4change.de/

9.7.13. CUSTOMER JORNEY CANVAS (CJC)

Para que serve: mapear as diferentes ações dos consumidores de serviços. Está estruturado para mapear o antes, durante e depois de um consumidor de serviços. Promove uma reflexão sobre as expectativas, experiências e o que traz satisfação para o consumidor de serviço.
MaioresInformações:
http://files.thisisservicedesignthinking.com/tisdt_cujoca_portugese.pdf

9.7.14. OPEN INNOVATION CANVAS (OIC)

Para que serve: planejar as iniciativas de inovação aberta
O OIC traz a reflexão necessária para a concepção de uma campanha de inovação aberta. Elementos como objetivos, motivadores, ambiente e outros são apresentados no Canvas.
Maiores Informações: http://www.innoscience.com.br/?pg=Contato

9.8 Design thinking

Conceito convencional de *design*: gerar produtos com melhor aparência e funcionalidade.

Design thinking: consiste em uma análise mais sintética de um problema, durante a elaboração e desenvolvimento de um projeto.

Envolve as seguintes etapas :

a. Problema proposto;
b. Aquisição de informações;
c. Analise do conhecimento;
d. Proposta de solução;
e. Nova aquisição de informações;
e. Fechamento do produto final.

1. Primeiramente forma-se uma equipe multidisciplinar (com engenheiros, projetistas, psicólogos, biólogos etc.), que irá analisar um determinado problema de forma totalmente individualizada e passiva, sem interferir no problema em si.

2. Depois, a equipe ouvirá as partes interessadas e tentará se colocar no lugar delas, entendendo exatamente a suas necessidades.

3. A próxima etapa é a ideação, isto é, a geração de ideias e os testes.

4. Com as ideias viáveis, produz-se um protótipo.

5. Ouve-se, então, o que o cliente achou. Ele poderá pedir para que você elimine certas partes e acrescentadas outras E você volta às etapas anteriores e tenta compreender tudo de novo e prototipa novamente
Volta-se às etapas anteriores, tenta-se compreender tudo de novo e faz-se outro protótipo .

E isso demora muito? Não. A grande vantagem dessa abordagem sintética multidisciplinar é que se pode construir um ou vários protótipos em alguns dias.

Um exemplo prático
: milhares de crianças se ferem constantemente nos carrinhos de supermercados. A equipe foi ao supermercado e estudou a dinâmica de uso dos carrinhos e ouviu clientes e funcionários. Fizeram um protótipo com várias funções interessantes. Voltaram ao supermercado e ouviram novamente clientes e funcionários e fecharam um produto final em poucos dias.

9.9. Jogo Trilicious

Trilicious é um um fascinante jogo de inovação e estratégia em que grupos de jogadores usam seu conhecimento da Triple Helix de interações indústria-governo-universidade para competir entre si para criar as melhores soluções possíveis para uma variedade de problemas complexos.

O objetivo do Trilicious é criar a melhor solução para um problema complexo através de uma interação universidade- empresa – governo , bem definida. Para ganhar o jogo seu grupo necessita gerar uma solução criativa para um problema complexo utilizando as cartas do jogo, Conhecimento, Inovação, Consenso e AHA.
As cartas de conhecimento possuem dois formatos :

- cartas pre definidas que representam ações no espaço do conhecimento ,
- as cartas AHA que possibilitam aos jogadores criarem novas ações no espaço do conhecimento.

O Trilicius cenário –problema é um problema local, regional ou nacional situado em uma região bem definida. Os grupos selecionam cenários problema que eles acreditam que podem criar boas soluções.

Etapas do jogo:

1. Selecione o cenário problema
2. Selecione cartas predefinidas de conhecimento, Consenso e Inovação.ou crie as suas próprias utilizando Cartas AHA
3. Desecreva no espaço de solução como sua carta resolvem o cenário problema . Isto pode ser realizado da forma que voce desejar: com palavras, gravuras, diagramas , da melhor forma que seu grupo encontrar.

Trilicious foi projetado especificamente para Triple Helix por Luke Hohmann, fundador e CEO da The Innovation Games Company, um especialista reconhecido internacionalmente.

. O projeto colaborativo dos jogos significa que você vai ter a oportunidade de compartilhar seus conhecimentos com outros participantes. Os resultados reais de cada jogo vai ajudar a identificar ideias valiosas e inovações que irão beneficiar toda a comunidade.

Regras do Jogo

Estrutura da equipe

Uma equipe Trilicious consiste em 4-8 jogadores. Um jogo completo demora aproximadamente 3 horas.

Trilicious Board Game e Game Pieces

O Trilicious jogo é tabuleiro retangular, com espaço para quatro áreas que permitem aos jogadores mapear espaços Triple Helix em soluções que resolvem problemas. :

- As peças se encaixam em cada um dos espaços:

- Cenários de problemas cinza, que são colocados no espaço do problema (descrito abaixo).

- Cartões azuis do Conhecimento, que são jogados no Espaço do Conhecimento.

- Catões vermelhos (Red Consenso Cards) , que são jogados no Espaço Consenso.

- cartões Verde Cartões de Inovação, que são jogados no Espaço Inovação.

Os jogadores irão notar que alguns dos seus conhecimentos, consenso e Inovação Os cartões estão vazios, enquanto outros são pré-definidos. Os cartões pré-definidos representam bem conhecido, as soluções existentes, estruturas contextuais, de formas de diferenciação que um jogador pode jogar para resolver um problema. Cartões vazios exigem um novo pensamento dos jogadores e deve ser preenchido pelos jogadores durante o jogo.

A escolha das cores primárias são simbólicos: Vermelho, Verde e Azul se combinam para formar branco. Esta é a cor do espaço de solução no centro do tabuleiro. As soluções são criadas durante o jogo do jogo.

Para jogar um jogo Trilicious os jogadores fazem o seguinte:

1. Selecione um cenário de problema. Os jogadores devem examinar os cenários de problemas disponíveis para determinar o cenário ponto mais alto que eles acham que podem resolver criativamente.

- 2. Selecione Criar um Knowledge, consenso e Inovação Cards que vai resolver o problema.

A classificação de complexidade determina os tipos de cartões que podem ser jogados.

a. Complexidade Classificação inferior a 35: A equipe pode jogar duas cartas existentes em qualquer espaço. Um cartão deve ser um cartão em branco e conter uma nova maneira de diferenciar esse espaço.

b. Complexidade Rating superior a 35: A equipe só pode jogar um cartão existente em qualquer espaço. Dois cartão deve ser um cartão em branco e cada um deve conter uma nova maneira de diferenciar o espaço em que é tocada.

3. Os jogadores devem descrever, em seu espaço de solução, como a sua combinação de cartas resolve os problemas.

4. Soluções são julgados por um especialista e graduada em múltiplas dimensões e uma nota final é calculada.

A equipe vencedora é a equipe com a maior pontuação no total

9.9 MINIMUM VIABLE PRODUCT (MVP).

- LEAN STARTUP e o Minimum Viable Product (MVP).

É uma metodologia para criar negócios de forma enxuta, eliminando desperdícios e etapas desnecessárias.
É um processo pratico em que se aprende ao fazer, não planejando antes.
Lean Startup consiste em gastar poucos recursos para testar uma ideia antes de investir pesado.

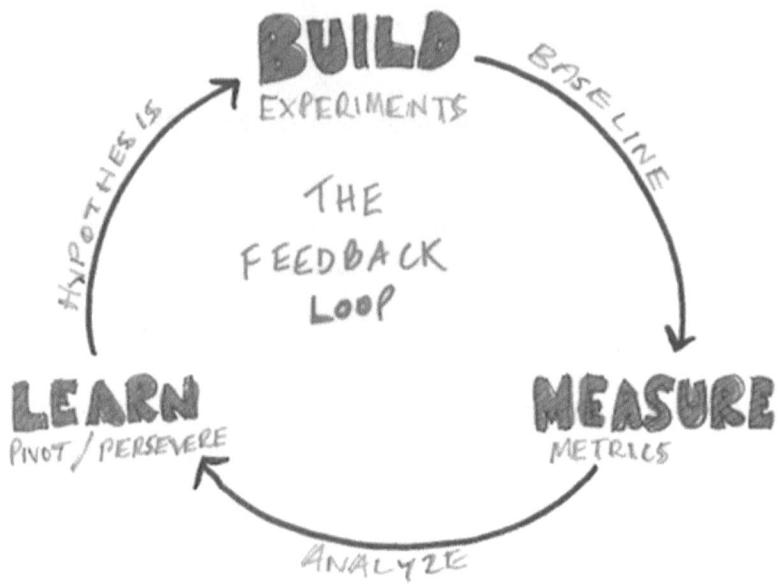

•Quem inventou:

O conceito de "lean", "enxuto", vem da década de 1950, e foi criado nas fábricas do Japão.
 Ao longo dos anos, aqueles conceitos que nasceram no Japão pós-guerra correram o mundo. Se tornaram cada vez mais simples. Se expandiram para além da manufatura. Até chegarem às startups
Ao contrário do que era comum no ocidente onde a produção passava pelas etapas de planejamento,pesquisa de mercado, produção com várias etapas muito bem documentadas   , os japoneses criaram linhas de produção mais enxutas: reduziam desperdícios, cortavam etapas que não eram essenciais, eliminavam os grandes estoques.
•
 lean manufacturing.
No pós-guerra, aquela era uma cultura que tinha escassez de alimentos, de espaço. Também surgia ali o sistema "just in time" de produção: nada deveria ser produzido antes da hora, antes que a demanda fosse real.
A Toyota foi o primeiro grande exemplo de aplicação desses princípios: a eficiência era máxima, o desperdicio mínimo e os carros só eram produzidos quando a encomenda já havia sido feita .

Quando foi inventado:

Em 2011, o americano Eric Ries, escreveu um livro sobre a metodologia que há alguns anos vinha aplicando com startups, baseada nas técnicas de lean manufacturing.
Seu livro The Lean Startup virou um guia obrigatório para as melhores startups do mundo. Lá, ele propõe também um diagrama com os ciclos de trabalho, como:

- construir (o produto mais simples possível),
- medir os resultados,
- aprender ,o que deu certo e errado, e então fazer uma versão melhor.

Segundo Ries, para ajudar startups a falharem menos ou não fracassarem por erros que poderiam ser evitados , como gastar todas suas fichas no protótipo perfeito. A maioria das startups nasce com pouco dinheiro e precisa crescer rápido. . O início tem que ser barato e rápido. Seria inviável para esse tipo de empresa fazer pesquisas de mercado detalhadas, planejamento e investir pesado em desenvolvimento.

Ries criou conceitos como o de Minimum Viable Product (MVP) que consiste em fazer uma versão simples do que se vai lançar (software ou app, por exemplo) com o mínimo de recursos para que funcione e colocar logo no mercado.
Os usuários vão testando e a partir das críticas a empresa lança novas versões.
Esse ciclo pode ser muito rápido, com novos releases toda semana, todo dia. O importante é crescer de acordo com o que o mercado pede. Também faz parte dessa jornada de vez em quando ter que "pivotar" ou mudar o modelo de negócios. E, se falhar quanto mais rápido, gastando menos energia, tempo e dinheiro, melhor.

- Quem usa

A maior parte das startups do mundo, ou grandes empresas que começaram como startups , Amazon, Facebook, Zappos .
No Brasil, temos o caso da Easy Taxi que criou a primeira versão do aplicativo no modelo MVP. O empreendedor detalha como criou, primeiro, um protótipo do serviço, no qual o pedido do usuário caía direto no seu e-mail pessoal e ele procurava no Google Maps um carro disponível. Quando percebeu que havia de fato demanda para esse tipo de serviço, desenvolveu o app.

Efeitos colaterais:

Um empreendedor pode se apegar demais ao lado prático e esquecer ensinamentos básicos de administração. Essa desorganização faz inclusive com que haja desperdício , de tempo, de dinheiro, de esforços da equipe. É preciso aprender, estudar, buscar minimamente o que já existe para empreender com um nível melhor

O autor, que é formado pela Universidade de Yale, deixa claro logo no início de seu livro que empreendedorismo é, essencialmente, administração. Trabalhar sem método e ignorar experiências alheias não é eficiente.

Quem é contra:

O modelo é ótimo, mas não serve para toda startup. Há produtos, por exemplo, que precisam chegar ao mercado por inteiro, completos. Ou não vão fazer o efeito nem atrair a atenção que deveriam . também diz que muitos empreendedores podem usar o método como uma desculpa para não investir em marketing e vendas — um erro grave que pode prejudicar a empresa.

Outro problema, está em criar uma cultura sedutora em torno do fracasso. Muita gente estaria interpretando mal a facilidade do "pivot" e deixando de persistir o suficiente em um plano, estratégia ou modelo de negócios. Você quer preservar o benefício da ideia de pivotar, mas você não quer que as pessoas sejam intencionalmente encorajadas a falhar. Entre os empreendedores que admiro, admiro os que pivotam, mas admiro ainda mais os que persistiram.

9.2 .TÉCNICAS DE APOIO Á INOVAÇÃO :

2.1 Como encontrar um sócio para Start Up
:
A convivêncial entre sócio-fundadores e colaboradores não é facil. Os problemas surgem desde a escolha da pessoa certa, passa pela divisão de responsabilidades e lucros e chega ao momento de separação.

Alguns pontos fundamentais para garantir o sucesso dessa parceria.

1. Como escolher a pessoa certa para ser um co-fundador de sua startup.

A primeira coisa a fazer é definir "o que" e "quem" você precisa ter .ao seu lado é preciso ter alguém que tenha as habilidades que lhe faltam as habilidades que lhe faltam te faltam, mas que são importantes para o negócio : na administração, na contabilidade, na parte tecnológica, no marketing? .

2. Onde encontrar esse sócio

Participe de eventos do setor e, principalmente, peça indicações, avalie antigos colegas de trabalho .
.O primeiro impulso é, geralmente, recorrer à sua rede pessoal. Mas será que fazer negócio com um amigo ou parente vai ser uma boa? O recomendável é que haja um nível de distanciamento, apesar de, mesmo com contratos, ser também considerada uma relação de confiança.

Startups passam por mudanças de forma muito rápida. Isso, por sua vez, gera um estresse elevado. Uma carga emocional ainda maior, como escolher familiares e amigos próximos para a empreitada, pode prejudicar a tomada de decisões.
 Escolha com cautela, pois o bom relacionamento é essencial. Existem várias redes sociais que fazem network entre profissionais de determinadas áreas.

3. Estabeleça as regras

Direitos e deveres de cada parte devem ser estabelecidos logo no início da relação. Algumas cláusulas inseridas no contrato social podem ajudar a impor limites e direcionar as responsabilidades.

- O conceito de Vesting é um exemplo e significa conceder participação societária na startup após um determinado período de tempo, se respeitadas certas condições.
Exemplo: as ações da empresa serão adquiridas no decorrer de 4 anos. Isso quer dizer que a totalidade das ações só será conquistada ao final desse período, desde que haja o cumprimento das obrigações. É comum também que se estabeleça 25% do acordado ao final dos primeiros 12 meses e 75% das ações parceladas mensalmente até completar o total do tempo previsto que, geralmente, é de 4 anos .

- Outro conceito para o estabelecimento de regras é o de Lock up, que impede a entrada de terceiros na empresa sem um acordo comum dos sócios, além do Non Compete, uma cláusula proibindo que o sócio ou funcionário se torne um concorrente..

4. Definindo quotas de participação e salários

Todo risco deve ser compensado. O sócio que se dedica full time arrisca mais do que aquele que não abandonou o emprego. É justo que a discrepância seja equilibrada com um salário maior ou com maior participação nas quotas societárias.
Uma coisa é certa: se você almeja um salário próximo ao valor de mercado, vai ter que diminuir sua "fatia no bolo". Para chegar a esses números (salários) ou porcentagem (participação), contudo, não existe uma fórmula exata. O cálculo é subjetivo e dependerá de fatores como o valor da empresa, o grau de comprometimento ou do tipo de sócio.

Investidores-anjo, por exemplo, costumam esperar de 15% a 30% do investimento realizado no negócio. Colaboradores, por vezes, aceitam 10% quando não trabalham sobre a atividade fim da empresa. Tudo é uma questão de negociação: uma boa ideia x uma boa proposta, isto ajudará, inclusive, a atrair bons profissionais para compor o quadro de funcionários de sua startup.

CASE SAMBA TECH:

INVESTIDOR ANJO

Investidor anjo é a denominação dada ao investidor que atua na fase inicial do empreendimento, nas chamadas StartUps, ou empresas nascentes.

O Investimento-Anjo é o investimento efetuado por pessoas físicas com seu capital próprio em empresas nascentes com alto potencial de crescimento (as startups)

Apresenta as seguintes características:

1. É efetuado por profissionais (empresários, executivos e profissionais liberais) experientes, que agregam valor para o empreendedor com seus conhecimentos, experiência e rede de relacionamentos além dos recursos financeiros, por isto é conhecido como smart-money.

2. Tem normalmente uma participação minoritária no negócio.

3. Não tem posição executiva na empresa, mas apóiam o empreendedor atuando como um mentor/conselheiro.
O Investimento com recursos de terceiros é chamado de "gestão de recursos". É efetivado por fundos de investimento e similares, sendo uma modalidade importante e complementar a de Investimento-Anjo, normalmente aplicado em aportes subsequentes.

. Almir Gentil, médico com expertise em negócios na área de saúde, apostou na Samba Tech, de Gustavo Caetano, uma empresa que no futuro viria a se tornar referência em inovação em vídeos online, considerada, em 2014, uma das mais inovadoras, segundo a Fast Company.
Por ser uma solução de alto potencial, Almir investiu não só capital, como sua experiência e negócios.
A atitude de vanguarda de ambos mudou para sempre a cena de startups do país.

Almir identificou e apostou na capacidade de Gustavo em construir uma equipe consistente, que se envolve com os projetos e com a contínua preocupação com melhores resultados para a empresa, tudo isso, dentro de uma cultura que não teme o erro, que é descontraída e incentiva a liberdade de criação.

O bom desempenho de startups investidas nos últimos anos aqueceu a prática. O resultado se pode ver em nossa última pesquisa que aponta que ate 2016 os investidores anjo estão dispostos a investir individualmente até R$ 339 mil, ou seja, cerca de 174% a mais em relação a 2013-2014. Esse número demonstra um potencial de investimento em torno de R$ 2,9 bilhões.

Cuidados na hora do aporte

Além da confiança na capacidade de execução do empreendedor, os investidores também utilizem ferramentas que lhe permitam acompanhar o desenvolvimento da startup.

- No início da parceria com a Samba Tech, elaborado um plano de negócios, apresentou e juntos estipularam um prazo para investimentos em seis meses.

- O segundo passo foi o desenvolvimento de uma estratégia de retorno que possibilitasse a continuidade, sem novos investimentos.

    Para alcançar esse objetivo, faziam reuniões e prestações de contas periódicas. Alcançada a meta e com o segundo aporte, o do FIR Capital, melhoraram o processo de gestão e governança.
    E hoje, amadureceram a estratégia, que está voltada para expansão, aquisição e incorporação de novos negócios, além da criação de novas empresas, como a SambaAds e futuramente a fusão ou aquisição por algum grupo maior.

- Transparência!

    Essa é a palavra que define a relação que todos os empresários devem ter com seus investidores, consumidores e parceiros. Somente assim o investidor se sentirá seguro e parte da empresa, o que fará com que ele também se empenhe por seu crescimento e, consequentemente, ganhe mais com isso.

O que leva um investidor-anjo a apostar em um negócio

Há quatro itens que levo em conta para decidir se o negócio vale a pena e outros três para o mercado. Sobre a empresa, o empreendedor deve ter em mente qual problema resolverá, o risco de um novo entrante com menor custo de produção, se sua solução é escalável e como irá monetizar. Para o setor de atuação é se tem um bom líder, time e produto, como também se há possibilidade de crescimento nesse mercado.

Cuidados que um investidor-anjo deve tomar antes de investir

: Muita gente tem boas ideias, mas colocar na prática é diferente. É preciso poder de execução e para isso o empreendedor deve ter, como foco, o problema que seu negócio vai resolver. Já como investidor, deve-se questionar se existe um time para colocar o projeto no ar e se o líder conseguirá motivar as pessoas para que as coisas aconteçam. Se não, será apenas uma boa ideia que está na cabeça errada.

Quem são

Anjos do Brasil é uma organização sem fins lucrativos que busca fomentar a cultura do investimento anjo em todo o Brasil. Compartilhando experiência e conhecimentos com investidores e empreendedores, a organização cria uma rede de relacionamento, com alto potencial de impacto em aporte financeiro e intelectual.

Almir Gentil é médico com expertise em marketing e negócios, fruto de seu trabalho como diretor de marketing da Unimed Brasil e Superintentente da Unimed Rio. Hoje é sócio da SambaTech, na qual ocupa o cargo de Diretor de Internacionalização. Além disso, foi também Vice-Presidente do IHCO (International Health Co-operative Organization) e tem no currículo um MBA em Administração na ESAG (SC).

Gustavo Caetano é presidente da Associação Brasileira de Startups que acumula em seu currículo o cargo de CEO do Samba Group, grupo de Internet B2B líder na América Latina, e as especializações em inovação no MIT (Massachusetts Institute of Technology) e Gerência de Produtos no Vale do Silício, referências mundiais em negócios de TI.

Sequoia Capital : Silicon Valley's Innovation Factory

Sequoia Capital é uma empresa de capital de risco localizada em Menlo Park, Califórnia, Estados Unidos. inaugurado em 1972, quando Don Valentine, um executivo de vendas e marketing da indústria de chips do Vale do Silício, decidiu tentar o capital de risco.
Investe em energia, finanças, saúde, telefonia celular e setores de tecnologia

A Sequoia Capital decidiu investir em atividades na AMERICA DO SUL venture, e abriu o primeiro escritório de investimento no Brasil,em São Paulo..

A SEQUOIA CAPITAL ACEITA PLANOS DE NEGOCIOS DO MUNDO INTEIRO.

MODELO DE PLANO DE NEGOCIO UTILIZADO PELA SEQUIOA CAPITAL:

A empresa aprecia planos de negócio que apresentam uma grande quantidade de informações em poucas palavras, quanto possível.
O seguinte formato de plano de negócios, em 15 a 20 slides..

MODELO DE PLANO DE NEGOCIO :

SOCIEDADE DE PROPÓSITO

Definir a empresa / negócio em uma única frase declarativa.

PROBLEMA

Descrever a dor do cliente (ou cliente do cliente).
•
Descrever como o cliente aborda a questão.
SOLUÇÃO
• Demonstrar a proposta de valor da empresa para tornar a vida do cliente melhor.
• Demonstre o produto/serviço.

POR QUE AGORA?
• Setup da evolução histórica da sua categoria.
• Definir recentes tendências que tornaram a sua solução possível.

TAMANHO DO MERCADO
• Identificar o perfil do cliente que você atender.
• Calcule a top down e bottons up.

COMPETIÇÃO
• Lista de concorrentes.
• Lista de vantagens competitivas.

PRODUTOS
- Linha de produtos (fator de forma, funcionalidade, características, arquitetura, propriedade intelectual).
- Roteiro de desenvolvimento.

MODELO DE NEGÓCIO
- Modelo de receita.
- Preços.
- Tamanho médio da conta e/ou da vida.
- Modelo de vendas e distribuição.
- Lista de clientes / oleoduto.

EQUIPE
- Fundadores & Gestão.
- Conselho de Administração / Conselho Consultivo.

FINANÇAS
- P& L.
- Balanço.
- O fluxo de caixa.
- O negócio.

9.2.2 O que é Storytelling

Storytelling é uma palavra em inglês, que significa a capacidade de contar histórias relevantes. Em inglês a expressão "tell a story" significa "contar uma história" e storyteller é um contador de histórias.

Storytelling como disciplina empregada pelas organizações e seus prestadores de serviço é algo mais recente, surgiu em meados de 2005.
É difícil definir. .Muitos autores consideram o storytelling como uma ferramenta para marcas e negócios. Há os que focam no storytelling como o registro de relatos de histórias de um determinado público. Existem estudiosos especializados em narrativas como forma de aperfeiçoar a comunicação
Esse é o problema de aplicar storytelling como um instrumento ou ferramenta: Storytelling vai muito além da utilização do léxico, do uso de um personagem, de expressão através a linguagem de quadrinhos ou de transmitir uma mensagem com começo, meio e fim .
E um método que utiliza palavras ou recursos audiovisuais para transmitir uma história. Esta história pode ser contada de improviso ou pode ser uma história polida e trabalhada. Também é muito usado no contexto da aprendizagem, sendo uma importante forma de transmissão de elementos culturais como regras e valores éticos.

10. PROPRIEDADE INDUSTRIAL

10.1. Propriedade Industrial

10.1.1 Marca

O que é uma marca?

É todo sinal distintivo, visualmente perceptível, que identifica e distingue produtos e serviços de outros similares de procedências diversas.

As marcas registradas vêm se constituindo, cada vez mais, em importantes ativos econômicos para empresas e instituições.

No Brasil, o registro de marcas é regulamentado pela Lei de Propriedade Industrial (LPI) e o responsável pela sua concessão é o INPI.

O registro é válido por 10 anos e esse prazo pode ser prorrogado indefinidamente, a pedido do titular, por períodos iguais e sucessivos.

É importante ressaltar que o registro concedido pelo INPI tem validade apenas no Brasil.

Quem pode ser titular de uma marca?

Uma marca só pode ser requerida por pessoa física ou jurídica que exerça atividade lícita, efetiva e compatível com o produto ou serviço que a marca visa distinguir.

Com o certificado de registro, o titular tem o direito ao uso exclusivo da marca em todo o território nacional e pode impedir concorrentes de usar sinais semelhantes que possam confundir o consumidor. A reprodução não autorizada da marca pode ser combatida por meio de ações judiciais.

O proprietário de uma marca registrada pode autorizar, de forma onerosa ou não, outras pessoas a utilizá-la, por meio de contratos de licença. Pode ainda transferir a titularidade do registro ou do pedido para outra pessoa. O processo de transferência também deve ser formalmente requerido ao INPI.

O titular não pode impedir que, juntamente com a marca do seu produto ou serviço, os comerciantes ou distribuidores utilizem suas próprias marcas na promoção e comercialização, bem como não pode impedir que fabricantes de acessórios utilizem a marca para indicar a destinação do produto. Ele também não tem o direito de impedir a citação da marca em discurso, obra científica ou literária ou qualquer outra publicação, desde que sem conotação comercial e sem prejuízo para seu caráter distintivo.

O que pode ser registrado como marca?

O registro de marca destina-se à proteção de produtos e serviços. A marca, para ser registrada, precisa ser distintiva, isto é, ser diferente o suficiente para ser capaz de identificar – sem ambiguidades – produtos ou serviços de outros semelhantes.

A única limitação para a concessão do registro é que a marca deve servir para proteger produtos e serviços decorrentes da atividade exercida no empreendimento. Essa limitação existe para impedir o registro de marcas por pessoas físicas e jurídicas que queiram somente comercializá-las, isto é, que não pretendam usar as marcas em suas atividades profissionais.

No Brasil, a Lei de Propriedade Industrial não inclui proteção para as marcas sonoras, olfativas, táteis] e gustativas.

Com o advento da internet, nomes de domínio passaram a se constituir em um bem de grande valia para as empresas estarem presentes no mundo digital, promovendo e vendendo seus produtos e serviços globalmente. Apesar de, geralmente, estarem associados ao nome da marca, os nomes de domínios não são considerados como marcas e, por isso, não são passíveis de registro no INPI.

No Brasil, o Comitê Gestor da Internet (CGI) mantém grupos de trabalho e coordena diversos projetos em áreas de importância fundamental para o funcionamento e o caminho da inovação desenvolvimento da internet no país [??? o funcionamento do caminho da inovação e o desenvolvimento da internet no país ??? o funcionamento e encaminhamento da inovação e o desenvolvimento da internet no país ??? o funcionamento e o desenvolvimento da internet no país ???].

As marcas podem ser de produto ou de serviço.

As marcas de produto ou serviço podem ser classificadas em dois tipos: marca coletiva e marca de certificação.

A marca coletiva identifica que determinado produto ou serviço tem origem em qualquer empresa de uma coletividade, como uma cooperativa.

A marca de certificação é utilizada para indicar que os produtos ou serviços estão em conformidade com determinadas normas ou especificações técnicas, como a qualidade do material ou a metodologia utilizada e padrões de consumo de energia, entre outros.

Como as marcas são classificadas?

Dependendo de seu conteúdo, as marcas são divididas em três classes:
- Nominativa;
- Figurativa;
- Mista.

A marca pode ser constituída apenas por palavras e combinações de letras e algarismos, compondo, inclusive, siglas e neologismos. Esta forma de apresentação é chamada de marca nominativa.

A marca também pode ser constituída de desenhos, símbolos, imagens, grafismos e formas geométricas. Esta forma é chamada de marca figurativa. Este caso pode também incluir as letras e algarismos isolados.

A marca que combina elementos nominativos e figurativos é chamada de marca mista.

A lei brasileira também permite o registro de marcas tridimensionais, que podem ser a própria forma do produto ou sua embalagem (desde que sejam distintivas), que também podem conter elementos nominativos e figurativos.

Como fazer o registro de uma marca?

As principais etapas que envolvem o registro de uma marca são:
- Busca prévia;
- Depósito do pedido de registro [??? Depósito do pedido do registro ??? Depósito de pedido do registro ??? Depósito de pedido de registro ??? Pedido do depósito do registro ??? Pedido de depósito do registro ??? ??? Pedido de depósito de registro ??? Depósito do pedido de marca ??? Depósito do pedido da marca ??? Depósito de pedido da marca ??? Depósito de pedido de marca ??? Pedido do depósito de marca ??? Pedido do depósito da marca ??? Pedido de depósito da marca ??? Pedido de depósito de marca ???];
- Publicação e exame do pedido;
- Expedição de certificado de registro.

A busca prévia não é obrigatória, entretanto é altamente aconselhável ao interessado realizá-la antes de efetuar o depósito de um pedido de registro de marca. Com este procedimento, a empresa pode verificar se a marca desejada foi ou não concedida (na categoria pretendida) a outra pessoa física ou jurídica.

Na busca prévia devem ser procurados sinais idênticos e assemelhados ou variações da marca escolhida (como grafias diferentes e similaridades fonéticas) utilizados para assinalar tanto produtos e serviços idênticos quanto produtos e serviços de ramos de atividade afins que possam confundir o consumidor no que se refere às origens desses mesmos produtos.

O pedido de depósito de marca [??? pedido do depósito da marca ??? pedido de depósito da marca ??? pedido de depósito de marca ??? depósito do pedido de marca ??? depósito do pedido da marca ??? depósito de pedido da marca ??? depósito de pedido de marca ??? pedido do depósito do registro ??? pedido de depósito do registro ??? ??? pedido de depósito de registro ??? depósito do pedido de registro ??? depósito do pedido do registro ??? depósito de pedido do registro ??? depósito de pedido de registro ???] deverá referir-se a um único sinal distintivo e deve conter:

- Requerimento;
- Reprodução da marca;
- Discriminação da classe de produtos ou serviços em que a marca deverá ser protegida;
- Especificação dos produtos ou serviços;
- Comprovante de pagamento de taxas aplicáveis.

No Brasil, cada pedido está limitado a uma única classe. Portanto, se a marca for requerida para produtos ou serviços de classes diferentes, será necessário apresentar um pedido para cada classe.

O pedido de depósito [??? pedido do depósito ??? depósito de pedido ??? depósito do pedido ???] é divulgado por meio de publicação eletrônica na Revista da Propriedade Industrial (RPI), editada semanalmente e disponível no site: www.inpi.gov.br .

O exame do pedido de registro de marca é feito por examinador profissional para verificação da existência de registros e pedidos anteriores de marcas idênticas ou semelhantes que possam confundir o consumidor.

O certificado de registro é emitido ???] após deferimento, publicação na RPI e pagamento de taxas.

Quais os custos envolvidos com o registro de uma marca?

Do ponto de vista financeiro, os custos envolvidos com o processo de registro e manutenção de uma marca têm a mesma composição daqueles envolvidos com o pedido de patentes, ou seja:

- Custo de depósito;
- Custos de assessoria profissional especializada;
- Custos de tradução;
- Custos de manutenção.

Quais as obrigações do titular de uma marca?

Usar a marca nos produtos ou serviços indicados no certificado em um prazo de cinco anos consecutivos a contar da data de sua concessão.

Como proteger uma marca no exterior

A proteção das marcas é limitada ao país em que elas foram registradas. Por isso é absolutamente necessário que sejam feitos pedidos de proteção nos países para os quais a empresa deseja exportar, conceder licença de fabricação ou vender seus produtos e serviços. Ou seja, a estratégia de proteção deste ativo deve estar alinhada com a estratégia comercial da empresa para os mercados (países) em que vai atuar.

Se o primeiro depósito for feito em outro país e se há intenção de depositar o mesmo pedido no Brasil, deve-se solicitar a prioridade unionista para garantir o prazo de seis meses, sem prejuízo decorrente de atos ocorridos nesse intervalo, para entrar com o pedido no INPI.

No caso de querer proteger uma marca nos países integrantes da comunidade europeia, pode-se obter um registro no Instituto para Harmonização do Mercado Interno (*OAMI – Oficina de Armonización del Mercado Interior*).

Um registro concedido pela *OAMI* garante uma proteção em todos os países da Comunidade Europeia.

Outro instrumento que facilita a obtenção e manutenção de registros de marcas no exterior é o Protocolo de Madri, um tratado internacional do qual o Brasil ainda não faz parte. Ele permite, por meio da gestão centralizada pela Organização Mundial de Propriedade Intelectual (OMPI), o envio de pedidos a qualquer um dos países participantes e o pagamento dos principais encargos cobrados em cada país no processamento de um único pedido.

10.1.2 Patente

Patentes e sua lógica econômica

A pesquisa e o desenvolvimento para elaboração de novos produtos requerem grandes investimentos humanos, financeiros e organizacionais.

Proteger o produto ou processo através de uma patente significa prevenir-se de competidores, inibindo a concorrência desleal.

O que é Patente?

Patente é um título de propriedade temporária sobre uma invenção ou modelo de utilidade, outorgados pelo Estado aos inventores ou a outras pessoas físicas ou jurídicas detentoras de direitos sobre a criação, que lhes garante a exclusividade de uso econômico de sua criação [??? uso econômico dela ???].

Patente é um direito outorgado aos inventores, pelos países, para comercializarem seu invento no mercado de forma exclusiva, por um período de tempo.

Patente não significa inovação: patente é invenção.

Para haver inovação é necessário que alguém use um invento e crie valor econômico para o consumidor.

O prazo de comercialização exclusiva varia entre 15 e 20 anos; após esse período, cai em domínio público. A patente cobre o investimento de risco feito pelo inventor

Objetivo econômico

    a. estimular inventores a assumir riscos com a criação de invenções;
    b. criar riqueza para países com reflexo na Balança de Pagamento.

Em contrapartida, o inventor se obriga a revelar detalhadamente todo o conteúdo técnico da matéria protegida pela patente, o que contribuirá para o desenvolvimento tecnológico mundial, tornando a patente um importante instrumento na divulgação de informação tecnológica e estimulando novos desenvolvimentos científicos.

O que pode ser patenteado

Podem ser patenteados: processos, produtos ou ambos. A patente refere-se a uma única invenção ou a um grupo de invenções inter-relacionadas mas que apresentem um só conceito inventivo.

Ciclo de vida da empresa

É a sucessão de lançamentos de inovações no mercado. As inovações levam a longevidade da empresa [??? As inovações elevam a longevidade da empresa ???].

O sistema brasileiro contempla as seguintes formas de proteção:

• Como patentes:

  ◦ Invenção (PI) [??? Patente de invenção (PI) ???]: concepção resultante do exercício da capacidade de criação do homem, que represente uma solução para um problema técnico específico, dentro de um determinado campo tecnológico, e que possa ser fabricada ou utilizada industrialmente;

  ◦ Modelo de utilidade (MU): é o objeto de uso prático, ou parte deste, suscetível de aplicação industrial, que apresente nova forma obtida ou introduzida em objetos conhecidos, envolvendo ato inventivo, que resulte em melhoria funcional no seu uso ou em sua fabricação;

  ◦ Certificado de adição de invenção (C) [??? Certificado de adição de invenção (CAI) ???]: um aperfeiçoamento ou desenvolvimento introduzido no objeto de determinada invenção.

• Como registro:

  ◦ Desenho industrial: a forma plástica ornamental de um objeto ou o conjunto ornamental de linhas e cores que possa ser aplicado a um produto, proporcionando resultado visual novo e original na sua configuração externa e que possa servir de tipo de fabricação industrial;

Prazo de validade

A patente de invenção vigorará pelo prazo de 20 (vinte) anos e a de modelo de utilidade pelo prazo de 15 (quinze) anos, contados da data de depósito.

Já o desenho industrial, vigorará por 10 (dez) anos contados da data do depósito, prorrogáveis por mais 3 (três) períodos sucessivos de 5 (cinco) anos cada um, até atingir o prazo máximo de 25 (vinte e cinco) anos, contados da data do depósito.

Durante o prazo de vigência, o detentor da patente (titular) tem o direito de excluir terceiros, sem sua prévia autorização, de atos relativos à matéria protegida, tais como fabricação, comercialização, importação, uso, venda etc.

O titular tem a possibilidade de, ao invés de ele próprio fabricar sua invenção, licenciá-la a terceiros para que possam explorá-la.

Requisitos para obtenção de patente

A Lei de Propriedade Industrial (Lei 9.279/96) prevê que para que um invento seja protegido por patente é necessário que atenda aos requisitos:

- Ter novidade;
- Ter atividade inventiva e
- Ter aplicação industrial.

1. Novidade

É ser inédito em nível mundial.

As invenções são consideradas novas quando não compreendidas no estado da técnica.

O estado da técnica é constituído por tudo aquilo tornado acessível ao público antes da data de depósito do pedido de patente [??? depósito do pedido da patente ??? depósito de pedido de patente ??? depósito de pedido da patente ??? pedido do depósito de patente ??? pedido do depósito da patente ??? pedido de depósito de patente ??? pedido de depósito da patente ???], por descrição escrita ou oral, por uso ou qualquer outro meio, no Brasil ou no exterior, incluindo-se defesas de tese, dissertação, apresentação de pôsteres, painéis, entrevistas e artigos científicos, entre outros.

Para que o requisito de novidade seja mantido, um invento ou resultado de pesquisa, passível de patenteamento, seja divulgado somente após o protocolo do pedido de patente junto ao INPI.

Artigo 12: Não será considerada como estado da técnica a divulgação de invenção ou modelo de utilidade, quando ocorrida durante os 12 (doze) meses que precederem a data de depósito ou da prioridade do pedido de patente, se promovida:

I - pelo inventor;

II - pelo INPI - através de publicação oficial do pedido de patente depositado sem o consentimento do inventor, baseado em informações deste obtidas ou em decorrência de atos por ele realizados; ou

III - por terceiros, com base em informações obtidas direta ou indiretamente do inventor ou em decorrência de atos por estes realizados.

2. Atividade inventiva

O segundo requisito obrigatório para que um pedido de patente seja concedido é a atividade inventiva quando, para um técnico no assunto, a invenção não é evidente ou óbvia.

O técnico no assunto não é um especialista, mas alguém com conhecimento suficiente para entender as informações do estado da técnica e compará-la aos resultados de uma pesquisa, identificando suas diferenças e as possibilidades de utilização.

3. Aplicação industrial

O produto ou processo pode ser reproduzido.

Além de novidade e atividade inventiva, é imprescindível que a invenção apresente aplicação industrial, requisito que garante a utilização comercial do invento.

Assim, a invenção deve apresentar a possibilidade de ser realizada diversas vezes, chegando-se ao mesmo resultado, o que viabiliza sua produção em escala industrial.

Os três requisitos apresentados acima são imprescindíveis para a obtenção da patente. Além destes, a Lei brasileira prevê que seja atendido ao requisito de suficiência descritiva. Este se refere ao fato de que a descrição da invenção ou do modelo de utilidade deva ser perfeitamente clara e completa de modo a permitir sua reprodução por um técnico no assunto.

Matérias não patenteáveis

De acordo com LPI, não são patenteáveis:
- O que for contrário à moral, aos bons costumes e à segurança, à ordem e à saúde públicas;
- As substâncias, matérias, misturas, elementos ou produtos de qualquer espécie, bem como a modificação de suas propriedades físico-químicas e os respectivos processos de obtenção ou modificação, quando resultantes de transformação do núcleo atômico, e
- O todo ou parte dos seres vivos, exceto os microrganismos transgênicos que atendam aos três requisitos de patenteabilidade - novidade, atividade inventiva e aplicação industrial - previstos no artigo 8 e que não sejam mera descoberta.

Não se considera invenção nem modelo de utilidade:
- descobertas, teorias científicas e métodos matemáticos;
- concepções puramente abstratas;
- esquemas, planos, princípios ou métodos comerciais, contábeis, financeiros, educativos, publicitários, de sorteio e de fiscalização;
- as obras literárias, arquitetônicas, artísticas e científicas ou qualquer criação estética;
- programas de computador em si;
- apresentação de informações;
- regras de jogo;
- técnicas e métodos operatórios ou cirúrgicos, bem como os métodos terapêuticos ou de diagnóstico, para aplicação no corpo humano ou animal;

- o todo ou parte de seres vivos naturais e materiais biológicos encontrados na natureza, ou ainda que dela isolados, inclusive o genoma ou germoplasma de qualquer ser vivo natural e os processos biológicos naturais.

Roteiro para o pedido de patentes

1. Verificar se a invenção atende aos requisitos de patenteabilidade previsto na Lei de Propriedade Industrial (Lei 9.279/96).

O passo inicial para solicitar o depósito de pedido de patente é verificar se a criação atende aos requisitos de patenteabilidade previstos na Lei de Propriedade Industrial (Lei 9.279/96), entre eles a novidade.

2. Encaminhar Ofícios e documentos à Reitoria/Agência USP de Inovação.

Encaminhar ofício à Coordenação da Agência USP de Inovação (OFÍCIO II), através do Diretor da unidade (OFÍCIO I) e com a ciência do Chefe de Departamento, solicitando o depósito de patente, contendo:
• Título do invento;
• Qualificação do(s) titular(es) (havendo a participação de terceiros, preencher o ANEXO I) - juntar cópia dos documentos, por exemplo: Termo de Outorga, convênio firmado entre as partes, Contrato Social etc.
• Qualificação do(s) inventor(es) (preencher ANEXO II);

2.1 – Preencher e imprimir o formulário de transferência de tecnologia (FORMULÁRIO TT), encaminhando o impresso juntamente com os documentos acima indicados.

3. Elaborar o Termo de Revelação da Criação.

O Termo de Revelação da Criação trata-se de um relatório inicial que servirá de base para a redação do documento que será depositado junto ao INPI.

O Termo de Revelação contém:
a. Título da invenção;

b. Campo (área técnica) de aplicação da invenção;

c. Levantamento das anterioridades, isto é, busca prévia na literatura e em banco de patentes;

d. Descrição detalhada da invenção (gráficos, figuras, exemplos, se houver, formas opcionais de realização e outros);

e. Destacar as [??? Destaque para as ???] soluções e vantagens que a invenção apresenta (comparada às anterioridades);

f. Destacar o [??? Destaque para o ???] avanço tecnológico que a invenção propõe.

O Termo de Revelação deverá ser enviado diretamente à Agência USP de Inovação pelo e-mail: pidireto@usp.br, preferencialmente, com senha, para manter o sigilo da invenção.

4. Agendamento da Entrevista

• De posse da documentação completa dos itens 2 e 3, a Agência agendará com o docente-inventor a data para entrevista técnica necessária à elaboração do pedido de patente;

5. Depósito do pedido [??? Fazer o depósito do pedido ??? Fazer o depósito de pedido ??? ??? Fazer o pedido do depósito ??? Fazer o pedido de depósito ???] junto ao INPI

Após entrevista, o relatório descritivo será encaminhado ao docente inventor, para apreciação, juntamente com os documentos de autorização, para assinatura e reconhecimento de firma.

Legislação da Propriedade Industrial

• Lei da Propriedade Industrial nº 9.279/96 – Em vigor desde 15 de maio de 1997, substitui a Lei 5772/71. Atualizada de acordo com a Lei 10.196/01.

• Lei da Propriedade Industrial nº 9.279/96 (em inglês).

• Lei nº 10.196, de 14 de fevereiro de 2001 – Altera e acresce dispositivos à Lei nº 9.279, de 14 de maio de 1996, que regula direitos e obrigações relativos à propriedade industrial, e dá outras providências.

• Resolução USP 3.428/88 – Dispõe sobre patentes de invenção resultante de pesquisas realizadas na Universidade de São Paulo e sobre a participação dos inventores em direitos e obrigações nessas patentes de invenção.

Tratados internacionais

• Convenção da União de Paris – A Convenção da União de Paris para a proteção da Propriedade Industrial.

• TRIPS (publicação no DOU 31/12/1994, Seção I, Suplemento ao N.248-A).

• PCT (em inglês, com modificação de outubro de 2001).

• Regras do PCT (em inglês, em vigor desde 1º de abril de 2007).

• Legislação de propriedade industrial dos países da WIPO.

Decretos, Atos Normativos e Resoluções do INPI

• Ato Normativo nº 127/97 – Dispõe sobre a aplicação da Lei de Propriedade Industrial em relação às Patentes e Certificados de Adição de Invenção.

• Ato Normativo nº 128/97 – Dispõe sobre a aplicação do Tratado de Cooperação em Matéria de Patentes.

• Ato Normativo nº 130/97 – Dispõe sobre a instituição de formulários para apresentação de requerimentos e petições na área de Patentes, Certificados de Adição de Invenção e Registro de Desenho Industrial.

10.1.3 Busca prévia em Bancos de Dados de Propriedade Intelectual de Patentes

Alguns Bancos de Patentes a serem consultados:

• www.inpi.gov.br;

- www.espacenet;
- www.uspto;
- www.jto.

Conclusão

Patente é um direito outorgado ao inventor. Patente é valor econômico. O registro de patentes é feito junto ao INPI, por um determinado prazo de tempo, normalmente entre 15 e 20 anos, período em que os inventores são remunerados.

Podem ser patenteados, produtos, processos e gestão. Para serem patenteados os produtos, é preciso apresentar algumas características como novidade, atividade inventiva e ter aplicação industrial.

A inovação é fundamental para a sobrevivência da empresa nos mercados de competição. As inovações levam a longevidade da empresa [??? As inovações levam à longevidade da empresa ??? As inovações elevam a longevidade da empresa ???].

Segundo a legislação brasileira, as formas de proteção da propriedade industrial são: como Patentes e Registro.

Como Patentes, Invenção (PI), Modelo de Utilidade (MU) e Certificado de adição de invenção (C) [??? Certificado de Adição de Invenção (CAI) ???], e como Registro, o Desenho Industrial.

Não são patenteáveis:

O que for contrário à moral, aos bons costumes e à segurança, à ordem e à saúde públicas, as substâncias, matérias, misturas, elementos ou produtos de qualquer espécie, bem como a modificação de suas propriedades físico-químicas e os respectivos processos de obtenção ou modificação, quando resultantes de transformação do núcleo atômico; e o todo ou parte dos seres vivos, exceto os microrganismos transgênicos que atendam aos três requisitos de patenteabilidade – novidade, atividade inventiva e aplicação industrial.

O encaminhamento de pedidos ao INPI obedece a critérios próprios estabelecidos pela Agência para Patentes.

No Brasil, empresas públicas como a Petrobras e as universidades publicas são as maiores geradoras de patentes – cerca de 27% delas, sendo a área de computação a área tecnológica que mais se destacou.

10.2 Inovar para Exportar

As empresas brasileiras têm dois desafios para superar:

- Embarcar propriedade intelectual brasileira nas exportações físicas brasileiras; e

- Exportar propriedade intelectual brasileira.

O desafio de competir nos mercados internacionais por ter um produto que apresenta diferenciação em:

DESENHOS – INOVAÇÃO

MARCAS – INOVAÇÃO

TECNOLOGIA – INOVAÇÃO

10.2.1 Desenhos

É grande a criatividade brasileira, mas os desenhos podem e devem ser protegidos.

No Brasil: INPI.

Nos demais mercados: país a país.

Há conveniência de se aderir ao TRATADO DE HAIA e de harmonização dos procedimentos nacionais com o novo Tratado de Desenhos Industriais na Organização Mundial de Propriedade Intelectual (OMPI).

10.2.2 Marcas

- MARCA REGIONAL: O PROSUR.

- MARCAS TRANSNACIONAIS: A PROPOSTA DA MARCA LUSÓFANA.
- MARCAS INTERNACIONAIS: ADESÃO AO PROTOCOLO DE MADRI.
- HARMONIZAÇÃO DOS PROCEDIMENTOS: O TRATADO DE CINGAPURA.

O PROSUR: Sistema de Cooperação Regional em Propriedade Industrial

O PROSUR foi elaborado por um grupo formado por nove países sul-americanos (Argentina, Brasil, Chile, Colômbia, Equador, Paraguai, Peru, Suriname e Uruguai), visando melhorar os serviços prestados pelas oficinas nacionais de propriedade intelectual aos nacionais e estrangeiros que utilizam seus sistemas, por meio do desenvolvimento de uma plataforma comum de integração, troca de informações e compatibilidade dos sistemas das nove oficinas.

As Oficinas Nacionais de Propriedade Industrial (ONAPIs) dos países participantes do Projeto "Sistema de Cooperação Regional em Propriedade Industrial" (PROSUR) iniciaram ações de exame colaborativo de patentes em conjunto.

O grupo de países solicitou auxílio à OMPI para fornecer a infraestrutura necessária para a efetivação do sistema de cooperação, mediante o uso da plataforma CASE-OMPI e a formação de examinadores de patentes e outros profissionais de propriedade intelectual.

A plataforma CASE permite que as oficinas nacionais de propriedade industrial compartilhem dados e relatórios sobre as pesquisas e análise dos pedidos de patentes.

O PROSUR recebe financiamento do Banco Interamericano de Desenvolvimento (BID).

ACESSE O site; [??? Para mais informações sobre o Prosur, deve-se acessar o site:???] http://www.prosur.org.ar

O projeto de Marcas Lusófonas [??? MARCAS TRANSNACIONAIS: A PROPOSTA DA MARCA LUSÓFANA ???]

A marca lusófona é uma proposta do Estado Português apresentada aos seus homólogos dos países de língua oficial portuguesa.

A marca lusófona – regime jurídico único – terá que ser acordada através de um tratado internacional.

Países de língua portuguesa pretendem facilitar e agilizar o depósito de marcas nos países participantes, com um único depósito válido em Portugal, Brasil e países africanos.

Essa iniciativa estratégica incentiva o registro das marcas em países de língua portuguesa, aumentando, assim, a competitividade de empresas.

Esse sistema de registro de marca permitirá às empresas ingressarem, com suas marcas, no espaço lusófono de maneira mais simplificada, além de servir como instrumento de afirmação da cultura da Propriedade Industrial nos países de língua portuguesa.

Protocolo de Madrid

É um tratado internacional para registro de marcas criado em 1989, mas que entrou em vigor em 1996. Assim, uma empresa não precisa mais registrar sua marca em cada um dos países para onde exporta.

Com isso, reduz-se a burocracia e os gastos com registros locais.

A sua base legal é o tratado multilateral com o mesmo nome, de 1891, e o protocolo relativo ao acordo de Madrid, de 1989.

Em 2014, o Protocolo de Madrid havia registrado 91 membros. Portugal aderiu ao original Acordo de Madrid (1891) em 31 de outubro de 1893, e ao Protocolo de Madrid de 1989 em 20 de março de 1997. O Brasil ainda não faz parte do grupo.

VANTAGENS DA ADESÃO

Segundo o INPI, as principais vantagens da adesão ao Protocolo de Madrid são:
- simplificação de procedimentos e
- o barateamento de custos.

Entretanto a adesão ao protocolo exigirá adaptações na legislação brasileira. Uma das mudanças que teriam de ser feitas é a criação de um sistema multiclasses, que permite que um pedido de registro seja inserido em mais de uma categoria.

Hoje existem 45 classes e é preciso fazer um pedido para cada classe. Pelo sistema multiclasses, se um pedido for indeferido em uma das classes, será anulado por completo.

TRATADO DE CINGAPURA

O Tratado de Cingapura tem adquirido alcance cada vez maior. Conta com 22 partes contratantes, entre as quais Estados Unidos, Rússia, Austrália, Espanha, Suíça, França e Itália. Na América Latina, Uruguai, México e Peru discutem suas adesões.

O Tratado de Cingapura foi resultado de uma conferência diplomática organizada pela OMPI e realizada em 2006.

Tal conferência tinha como objetivo discutir a revisão de outro tratado, o "*Trade Mark Law Treaty* " (*TLT*) ou Tratado sobre Direito de Marcas, assinado também sob os auspícios da OMPI em conferência realizada em outubro de 1994, em Genebra, Suíça.

Devemos [??? Deve-se ???] refletir sobre a necessidade de adesão, com o objetivo estratégico de promover uma inserção mais competitiva da economia brasileira e de suas marcas na economia mundial.

O Brasil precisa criar e desenvolver marcas próprias.

Não basta protegê-las no Mercosul e em alguns mercados relevantes para exportação.

É necessário proteger país a país.

Surge, então, a necessidade de promover os registros integrados de marcas.

Qual a importância econômica e empresarial de uma marca registrada?

A marca transcende o *marketing* e está relacionada a outros aspectos-chave do negócio. Entre esses aspectos estão a atração e a retenção de talento, as percepções de analistas sobre o negócio, o relacionamento e alavancagem do fornecedor, bem como a sua cobertura pela mídia.

A marca simboliza para o consumidor algumas características da empresa fabricante do produto ou fornecedora do serviço, tais como a reputação, controle de qualidade, investimentos em pesquisa e desenvolvimento, qualidade do *design* do produto e a qualificação dos profissionais que prestam o serviço. Ela permite que o consumidor associe esses atributos aos produtos e serviços identificados por ela.

Consumidores satisfeitos com um determinado produto ou serviço voltam a comprá-lo ou a usá-lo. Para que isso seja possível, é necessário que eles sejam capazes de diferenciar produtos e serviços idênticos ou semelhantes da concorrência. Assim, a função essencial da marca nas estratégias comerciais e publicitárias das empresas é facilitar ao consumidor a sua identificação e diferenciação do produto ou serviço desejado.

Uma marca legalmente protegida, bem selecionada e desenvolvida no mercado passa a ser um importante patrimônio para a empresa. Para algumas delas pode até se constituir como o seu ativo mais precioso.

Os vultosos investimentos em comunicação levam os consumidores a associarem o símbolo a uma reputação, imagem e conjunto de qualidades que eles valorizam. Tais clientes estão dispostos a pagar mais por um produto que leve essa marca.

Assim, possuir uma marca com boa imagem e reputação no mercado já coloca a empresa em posição vantajosa em relação à concorrência.

O registro da marca:

- Possibilita que os consumidores diferenciem produtos semelhantes;
- Permite que as empresas promovam seu *portfolio* de produtos e serviços;

- É importante para a comercialização e é a base para o estabelecimento da imagem e reputação de uma linha de produtos no mercado;

- Pode ser licenciado e fornecer uma fonte alternativa de receita por meio de pagamento de *royalties*;

- É um elemento fundamental nos acordos de franquia;

- Pode ser um ativo comercial de valor;

- Incentiva os empresários a investirem na manutenção ou no aprimoramento da qualidade dos seus produtos;

- Pode ser útil para a obtenção de financiamentos.

10.2.3 Tecnologia

OPEN INNOVATION

Maior simplicidade na interação com instituições de pesquisa previstas na LEI DE INOVAÇÃO.

Novas oportunidades de colaboração com empresas globais inovadoras: atração de CENTROS DE P&D para se instalarem no Brasil.

Desafio: gerar patentes e protegê-las nos mercados para os quais exportamos produtos brasileiros.

H á um processo para transformar uma invenção em inovação.

Os principais passos.

1. Identifique qual é a sua inovação

O primeiro passo é identificar como a invenção disponível melhor se ajusta ao posicionamento estratégico da empresa, à sua estrutura de ativos e processo, tanto produtivos como organizacionais.

É importante realizar-se essa etapa de avaliação, pois a invenção pode demandar uma revolução completa da empresa, demandando altos investimentos, algumas vezes fora da capacidade de recursos ou que não sejam de interesse do empreendedor em virtude de sua visão de risco/retorno.

2. Avalie o potencial do produto ou serviço

sugere-se elencar o produto por potencial de lucro versus esforço. Construa um indicador simples, triplo A para o mais alto potencial de lucro e A para o menor. Triplo E para a de mais alto esforço e E para a de menor. Com esse método é possível chegar-se a uma ou duas invenções para desenvolvimento.

3. Faça testes
O terceiro passo, supondo que já se fez a prototipação da invenção, é o teste de processo, para identificar as reais demandas e ofensores, em pequena escala, para a produção da invenção. Também é o primeiro passo para uma estimativa real de custos.

4. Entre em contato com os clientes
O quarto passo, que corre paralelo ao terceiro passo, é testar o conceito do produto ou serviço com uma base de clientes ou consumidores. Tirado o aprendizado do conceito, faz-se um novo teste, agora associando o conceito e o produto.

Desse aprendizado surgem ajustes importantes. Contudo, vale lembrar que muitas empresas lançaram inovações baseadas na experiência e conhecimento de seus proprietários, abrindo mão de técnicas de pesquisa.

5. Faça um planejamento
Segue-se o teste em escala, acompanhado da criação dos custos de produção. Mas agora entra a etapa final e na qual, em geral, ocorre o sucesso ou o fracasso: o planejamento de lançamento, pré-venda, venda, pós-venda, planejamento de produção e logística. Além da definição dos indicadores de acompanhamento do desempenho da inovação no mercado.

O planejamento merece uma série à parte, mas o que vale deixar como mensagem é que deve ser rigoroso, detalhado à exaustão e pensado de forma a se ter um plano B, caso as coisas não aconteçam como se espera.

11 . INOVAÇÃO E PESQUISA TÉCNOLOGICA

11.1 O que é Inovação Tecnológica?

O Decreto 5.798, de 7 de junho de 2006, que regulamenta a Lei 11.196 (Lei do Bem), define inovação tecnológica como sendo:

"a concepção de novo produto ou processo de fabricação, bem como a agregação de novas funcionalidades ou características ao produto ou processo que implique melhorias incrementais e efetivo ganho de qualidade ou produtividade, resultando maior competitividade no mercado".

A partir de sua terceira edição, publicada em 2005, o Manual de Oslo, editado pela Organização para a Cooperação e o Desenvolvimento Econômico (OCDE), responsável pelas definições mundialmente adotadas sobre inovação, traz uma
importante modificação: expandiu o conceito de inovação, incluindo o setor de serviços e retirando a palavra "tecnológica" da definição de inovação, ou seja, é possível se fazer inovação em produtos, em processos, em serviços, em marketing e em sistemas organizacionais.Contudo, é importante ressaltar que as definições constantes nos itens I e II do Art. 2º do Decreto supramencionado estão baseadas nas recomendações do Manual Frascatti e não no Manual de Oslo – mais abrangente e flexível quanto às definições e metodologias de inovação tecnológica.

Convém registrar que, apesar da mudança na definição de inovação, a maioria dos órgãos de fomento ainda utiliza a expressão "inovação tecnológica" para designar a inovação em produtos e processos.

Concepção de novo produto ou do processo de fabricação
É agregar novas funções ou características ao produto/processo que gerem melhorias incrementais e efetivo ganho de qualidade ou produtividade, resultando em maior competitividade no mercado.

(Decreto 5.798/2006)

11.2 O que é Pesquisa Tecnológica?

12. TIPOS DE INOVAÇÃO

A inovação tecnológica pode ser classificada em :

. inovação de produto

.inovação de processo
.

12.1 Inovação de produto

Consiste em modificações nos atributos do produto, com mudança na forma, como ele era e como sera.
Nesse caso as mudanças são percebidas pelos consumidores.
Um exemplo seria o cambio automático nos veículos mais modernos.

12.2.Inovação de serviços

12.3. Inovação de processo: metodologia e logística
Traz mudanças no processo de produção geralmente com aumento da produtividade e redução de custos.
Um exemplo seria a troca de perarios em uma fabrica por uma maquina na linha de produção

12.4. Inovação no modelo de negócios

A Inovação no Brasil é basicamente baseada no modelo de negócios.

12.5 Outros tipos de Inovação:
Abertura de mercados;
Novas fontes de matérias primas.

Inovação de produto

Modificações nos atributos do produto, com mudança na forma como ele é percebido pelos consumidores.
Exemplo: automóvel com *airbag*, motor flex, câmbio automático.

Inovação de processo

Mudanças no processo de produção do produto ou serviço.
Não gera impacto no produto final, mas benefícios no processo de produção, geralmente o aumento de produtividade e redução de custos.
Exemplo: automóvel produzido por robôs em comparação ao produzido por trabalhadores.

Inovação no Modelo de Negócio

Mudança na forma como o produto ou serviço é oferecido ao mercado.
Não implica em mudanças no produto ou processo de produção, mas na forma como produto é levado ao mercado.
É criar várias possibilidades de se fazer negócio.
É forma diferente de criar, entregar e capturar valor.
Exemplo: automóvel alugado – o consumidor paga uma mensalidade pelo uso do veículo, com direito a seguro, manutenção e troca pelo modelo mais novo a cada ano, em comparação ao modelo de negócio tradicional, em que o veículo é vendido.
A crise econômica faz o varejo buscar novos modelos de Negocio.
Se fala na entrada de redes de Varejo internacional no Brasil. Reproduzir o modelo de sucesso dos seus países de origem tem se revelado desafiador.
O Varejo brasileiro esta passando por uma revolução:.

É o caso de novos pontos de vendas internacionais que chegam ao Brasil como:

- Benefit: rede americana de cosméticos e de prestação de servicos on time.Os lustres, os papéis de parede e a predominância dos tons de rosa que seguem um padrão já seriam suficientes para chamar a atenção de qualquer um que passe pela porta.

A expansão da Benefit no Brasil é por meio de franquias, modelo que será usado pela primeira vez na história da marca, criada em 1976 em São Francisco. A previsão para 2015 é abrir duas butiques de 75 metros quadrados em shoppings de São Paulo.

- Westwing Home & Living : rede alemã , é uma loja virtual com foco em casa e decoração. A sua proposta é oferecer tendências, design, estilo, arte, alta qualidade e preços acessívei s de moveis e utensilios para casa .Opera com duas lojas conceito em são Paulo que funcionam como showroom .

A marca tem sua atuação na internet como e-commerce, em 15 países!

- Lindt& Sprüngli : fabricante suico de chocolates , com pontos de venda proprios. e nova estrategia de Marketing , operando em joint venture com o Grupo CRM. & Sprüngli , local, porem sendo majoritaria com 51% do capital do investimento .

O fluxo de novos varejistas internacionais não para de crescer.

Alguns exemplos: na moda temos gigantes como a rede sueca H&M, a americana GAP e Forever 21, a espanhola Desigual, a australiana Cotton On e a inglesa Top Shop iniciaram operações recentemente no país.

Os problemas são velhos conhecidos: alta carga tributária, deficiências com logística interna e externa, encargos trabalhistas são algumas das principais queixas, o "custo Brasil.

A principal razão para investirem no Brasil, considerando a existência de todos os altos e baixos da nossa economia, são o tamanho do mercado de consumo interno, e a classe média emergente .

Alguns exemplos de novos Modelos de Negócios:

- Amazon: faz venda personalizada – sabe quem você é. Hoje vende tudo, inclusive TI. Sua TI é a melhor do mundo.

- Spoleto – Gourmet Express – você se sente dono do que vai comer, você monta seu prato.

- Wikipedia – Enciclopédia virtual – o leitor é parte da evolução do conteúdo publicado participando da inclusão de conteúdos.

- Bike RIO – Parceria entre o Banco Itaú e a Prefeitura do Rio, colocando bicicletas para uso da população em pontos estratégicos da cidade .
  O cliente paga uma mensalidade , através de cartão ,pelo uso das bicicletas.

- Dell – Inovação no custo – Fabrica computadores e mantém estoque de peças no fornecedor.

- Skype – Modelo Free – não há pagamento em alguns gates, mas paga-se em outros gates.

- Natura, Avon, Emay – forma diferente de se relacionar com o cliente, não tem loja.

- DELTA Airlines: Trocar milhas por voos de companhias aéreas como Delta, American Airlines, KLM, Gol, TAM.

Blocos de modelo de negócio

- Cliente compra solução para seu problema.

Cliente tem problema e não sabe como resolver o problema.

- b. *Design thinking*.

Qual é o enredo do problema?

Entender o problema e propor solução.

- Entrega do produto ou serviço através de um canal de Internet ou loja.

Venda automatizada e personalizada (INTERNET)

13 IMPACTOS DA INOVAÇÃO

Inovação radical ou de ruptura;
Inovação incremental (melhorias contínuas).

13.1 Inovação radical ou de ruptura

Introdução de novo produto, processo ou forma de organização da produção.

É ruptura estrutural com o padrão tecnológico anterior, originando novas indústrias, setores e mercados.

Mudança drástica na maneira que o produto ou serviço é consumido.

Traz novo paradigma ao segmento de mercado, que modifica o modelo de negócios vigente.

Exemplo: evolução do CD de música (analógico) para os arquivos digitais em MP3 (digitais)

13.2 Inovação incremental

Pequenas melhorias contínuas em produtos ou linhas de produtos.

Pequenos avanços nos benefícios percebidos pelo consumidor, que não modificam a forma como o produto é consumido ou o modelo de negócio.

Exemplo: evolução do CD comum para CD duplo, com capacidade de armazenar o dobro de faixas musicais.

14.1 FASES DO DESENVOLVIMENTO DE NOVOS PRODUTOS

São quatro as fases para o desenvolvimento de novos produtos:

- **VIABILIDADE ECONÔMICA**

Verificar benefícios esperados no investimento em comparação com investimentos e custos associados a ele.
Avaliação para aceitação do produto no mercado:
A. Previsão de vendas: receitas geradas;
B. Projeção de custos: investimento inicial, custos de produção, custos de marketing etc.;
C. Se resultar em lucro, o produto é desenvolvido.

- **DESENVOLVIMENTO**

Protótipo: como saber que a solução desenvolvida na teoria irá funcionar na prática?
E a Passagem do abstrato para físico. É Reduzir as incertezas do projeto.
Modelos : laboratórios
a. alta fidelidade
b. representação conceitual.

- **TESTE DE MERCADO E MARKETING**

Teste de mercado: produto aprovado no mercado;

Teste de marketing: novos produtos são oferecidos à venda em uma área geográfica limitada, por um tempo específico e, em seguida, vendas e custos são medidos.

Com base nos dados coletados nos testes, a empresa tem base para decidir se o produto será lançado em grande escala ou não, e quais são os investimentos necessários.

- COMERCIALIZAÇÃO

Lançamento do produto no mercado, esforços de produção, distribuição e comercialização.

Portfolio da empresa e riscos

Um portfolio da empresa com ideias de projetos deve ter projetos com vários tipos de risco. Os riscos dos projetos podem ser Risco Alto, Risco Baixo e Risco Medio.

Se forem pensados em 10 projetos de inovação para os próximos anos, observam-se que um Portfolio equilibrado apresenta riscos diferentes.

Por exemplo :

- Projetos com risco baixo: 5;
- Projetos com risco médio: 3;
- Projetos com risco alto: 2

EXEMPLOS DE PROJETOS DE INOVAÇÃO PARA OS PRÓXIMOS ANOS CONSIDERANDO SEU RISCO

1. Criatividade como geradora de renda .

Alugar minhas ideias para outras empresas. Enquanto empresas estão fabricando e comercializando as coisas que eu idealizei, recebo o aluguel referente a essas ideias e faço o que eu adoro fazer: criar.

Alguém aluga suas ideias para outras empresas. Enquanto as empresas estão fabricando e comercializando as coisas que a pessoa idealizou, esta recebe o aluguel referente a essas ideias e faz o que gosta de fazer: criar.

Depois de apresentar as (suas) ideias para as empresas interessadas, estas se encarregam da pesquisa e do desenvolvimento, da produção, do marketing, das vendas, da contabilidade e da distribuição física.

Risco: baixo.

2. Criação de conteúdos de Comércio Exterior (exportação e importação) em canais pagos do You Tube e anúncios vendidos para interessados na área.

Esses conteúdos de comércio exterior envolvem notícias, legislação, estudos de mercados, tarifas, estatísticas e oportunidades de negócios.

Risco: baixo.

3. Desenvolver consultoria para criação de microestrutura multidisciplinar ou célula para criar [??? Desenvolvimento de consultoria para criação de microestrutura multidisciplinar ou célula visando à geração de ???] novos serviços de atendimento aos clientes, de forma ágil e flexível dentro de empresa de grande porte, ou para desenvolver [??? ou ao desenvolvimento de ???] produtos ou serviços inovativos [??? inovadores ???] por período de três meses a dois anos, tendo um líder.

Isso gera maior envolvimento das pessoas envolvidas [??? envolvimento das pessoas participantes ??? comprometimento das pessoas envolvidas ???] e a vantagem da flexibilidade das empresas nascentes (startups) [??? (start ups) ???].

A proposta de inovação deve estar alinhada com o modelo de negócio da empresa.

Cada projeto se desenvolve em 4 fases: criação, desenvolvimento do conceito, execução e análise.
Uma ideia não passa para próxima fase se cada fase não for realizada com excelência.
Risco: alto.

4. Desenvolvimento de modelo de loja franqueada instalada em contêineres reaproveitados .
Risco: médio.

5. Aplicativo para agilizar a entrada dos veículos na área portuária de Santos - SP, evitando que caminhoneiros que transportam commodities agrícolas, no período da safra, de abril a setembro, congestionem as estradas de acesso ao porto.
Permite a leitura instantânea dos cartões de uso obrigatório pelos caminhoneiros para ter autorização de entrada na zona portuária.
Cada caminhoneiro aproxima o cartão do aparelho, que informa se existe ou não autorização de entrada na área da alfândega.
Risco: baixo.

6. Publicação de E-BOOK de minha autoria sobre a "Infraestrutura de Transporte no Brasil" no KINDLE STORE (AMAZON), [??? do e-book sobre a "Infraestrutura de Transporte no Brasil" no Kindle Store (Amazon), ???] para venda através da Amazon.
Serão definidos o preço e os países em que o livro será vendido, sendo estes os interessados em fazer investimentos em obras de infraestrutura no Brasil.
Risco: baixo.

7. Elaboração de solução tecnológica e pedagógica para sala de aula interativa com utilização de mobiles pelos alunos (tablets e smartphones) definindo:
Portfolio de Serviços: learning services;

Portfolio de Software: software de gerenciamento de salas de aula multimídia;

Portfolio de Hardware: câmera, notebook, desktop, dispositivo de resposta, lousa interativa, mesa interativa, prancheta interativa.

Montagem das salas de aula multimídia;

Treinamento de professores nas novas tecnologias;

Ensaio da metodologia e correções.

Risco: alto.

8. Armazenagem nas nuvens: virtualização dos sistemas e conexão à nuvem para pequenas e médias empresas, gerando menor custo de software e hardware, menos custo de manutenção e aumento da produtividade.

Elaboração de conteúdos (Word, Excel e Power Point) por parte de pequenas e médias empresas no Office on line do Microsoft Sky Drive, fazendo a armazenagem diretamente nas nuvens.

Risco: baixo.

9. Criação de portal de patentes "New ideias", plataforma criada na internet para captar e replicar boas ideias de empreendimento ao redor do mundo.

O portal será remunerado pelos inventores por meio de licenciamento de suas patentes inseridas no portal e também por meio de patrocínios pagos por anunciantes que tenham por alvo a identificação de sua imagem com a inovação.

Risco: alto.

10. Criação de pequena empresa de reciclagem (Usina Recicla Ltda.) parar realizar a logística reversa de produtos comercializados no varejo, quer sejam produtos nacionais ou importados de resíduos sólidos, tendo em vista a entrada em vigor, a partir de 2014, [??? vigor, desde 2014, ???] da Lei de Resíduos Sólidos.

As atividades da empresa consistem na coleta, separação, transporte, reciclagem e venda como matéria prima.
Representa um novo mercado que se abre para pequenas e médias empresas.
Risco:médio.

11. Fastfest – serviço de provimento a eventos sociais de pequeno e médio porte, realizados em dependências dos contratantes, residenciais ou comerciais, agendados com pequena antecedência.
O serviço compreenderá [??? compreende ???] a adequação do local ao evento, sua execução, com o provimento dos consumíveis, utensílios e recursos humanos. O serviço será oferecido em módulos, adaptáveis a cada caso e segundo padrões de qualidade, celeridade e preço compatíveis ao mercado ao qual é oferecido.
Risco: médio.

15.2 FASES DO DESENVOLVIMENTO DE NOVOS PRODUTOS

15.1 Ideação

15.2 Viabilidade Econômica

Verificar benefícios esperados no investimento em comparação com investimentos e custos associados a ele.

Avaliação para aceitação do produto no mercado:

A. previsão de vendas: receitas geradas

B. projeção de custos: investimento inicial, custos de produção, custos de *marketing* etc.

C. se resultar em lucro, o produto é desenvolvido.

15.3 Desenvolvimento

Protótipo: como saber que a solução desenvolvida na teoria irá funcionar na prática?

Passagem do abstrato para físico.

Reduzir as incertezas do projeto.

Modelos: laboratórios

a.alta fidelidade

b.representação conceitual.

15.4 Teste de mercado e *marketing*

Teste de mercado: produto aprovado no mercado

Teste de *marketing*: novos produtos são oferecidos à venda em uma área geográfica limitada, por um tempo específico e, em seguida, vendas e custos são medidos.

Com base nos dados coletados nos testes, a empresa tem condições para decidir se o produto será lançado em grande escala ou não, e quais são os investimentos necessários.

15.5 Comercialização

Lançamento do produto no mercado, esforços de produção, distribuição e comercialização.

16.1 Ferramentas para Pesquisa de Mercado :

1. SurveyMonkey ; QUESTIONARIOS DE PESQUISA

Permite pesquisa de mercado aprofundada. Permite que os empreendedores criem questionários e enviem por e-mail durante a pesquisa. A versão gratuita inclui mais de 15 perguntas por questionário e até 100 respostas. Gera gráficos e tabulação automaticamente. A versão paga, dá acesso a formulários e respostas ilimitados e permite cruzar dados.

2. Google Drive : ARMAZENAGEM NAS NUVENS

Permite o armazenamento na nuvem para negócios. É uma alternativa ao SurveyMonkey, e também tem uma opção de formulário que pode ser customizado e enviado aos entrevistados. Neste caso, o empreendedor precisa saber interpretar e cruzar os dados. O serviço só reúne as respostas.

3. Mercado de ações

Permite informações sobre faturamento e lucro das empresas .Uma maneira de conhecer outros mercados é analisando os dados de empresas do mesmo segmento que têm capital aberto. Sites sobre o mercado financeiro e até a CVM reúnem informações sobre faturamento e lucro dessas empresas que podem ser úteis na hora de elaborar um planejamento financeiro, por exemplo.

4. Sua Pesquisa ; QUESTIONARIOS DE PESQUISA

é uma versão brasileira do SurveyMonkey. É possível fazer questionários, espalhar a pesquisa e coletar os dados para decisões. Há uma versão gratuita que permite enviar um formulário e ter até 30 respostas e é possível cruzar os dados.

5. Redes sociais : COLETAR DADOS

Usar as suas redes sociais para coletar dados pode ser uma boa opção. O principal cuidado é ao escolher quem será o público. Para um negócio de cosméticos, por exemplo, um caminho seria participar de grupos sobre o tema e interagir, com autorização, fazendo perguntas pontuais.

6. BizStats ; FERRAMENTAS FINANCEIRAS

Reúne informações e estatísticas financeiras de vários setores. É possível encontrar relatórios financeiros, análises de risco e lucratividade, e ferramentas úteis de finanças. A dica é buscar empresas que são referências na área do seu negócio e encontrar valores de faturamento e investimento.

7. CrunchBase:

Para startups, o site TechCrunch e sua base de dados de empresas é o ponto de partida. Ali, é possível encontrar quais negócios já receberam investimento, quais fundos de interessam pelo seu setor e outras informações sobre startups de todo o mundo.

8. Google Trends

Para quem ainda só tem uma ideia ou precisa definir um setor de atuação, a ferramenta Google Trends pode ajudar. É possível saber o que as pessoas mais estão pesquisando na internet, inclusive definindo um território para a busca e comparando dois ou mais termos.

9. IpeaData

Fornece dados econômicos e financeiros do Brasil , em series anuais , mensais .Conhecer os índices sociais e econômicos da região em que se pretende atuar é uma das premissas do Plano de Negócios. Hoje, o Instituto de Pesquisa Econômica Aplicada (IPEA) reúne diversos dados do país em seu site, como indicadores macroeconômicos, regionais e sociais,como taxa de desemprego, taxa de cambio, Indice de preços , PIB per capita.

10. /data.iadb.org

Data Idb do Banco Interamericano de Desenvolvimento com dados macroeconômicos de 84 paises do Caribe e América latina , por ano e em percentual.
Explore indicadores de desenvolvimento para cada país relacionados com seu perfil macroeconómico, de integração global, e panorama social. Compare o valor de cada país com a media para la região.

11. PiniOn

Dê sua opinião sobre produtos e serviços, avalie o atendimento de lojas e restaurantes Este aplicativo funciona como uma ferramenta de coleta de dados para empresas. É útil para negócios que já estão em operação e tem algum capital para investir. O empresário cria uma missão e os usuários recebem recompensas em dinheiro para dar opiniões e ideias sobre os produtos.

16.2 Ferramentas de Marketing online para criar ou reinventar o seu negócio na internet.

Como achar seus clientes? O que falar com eles? Como gerar tráfego e aparecer nas buscas? Com algumas ferramentas é possível acertar o tom e alavancar as vendas do seu serviço ou produto.
Crescer no mundo digital é um desafio. Para quem está começando, os recursos são escassos e, não se pode contratar um departamento de marketing inteiro para dar conta de fazer a marca aparecer na internet..

Alguns softwares que funcionam na nuvem (online):

1. LaunchRock –teste de ideias

Como testar sua ideia de negocio on line antes de fazer um protótipo ou Plano de Negocios. Ainda nem começou, mas quer saber o interesse das pessoas pelo seu negócio ou por um conceito? Faça uma página rápida e simples com o LaunchRock e comece a capturar leads. Tem também o LaunchSoon.

2. WIX – construtor de sites

Aprenda a criar um site . Use o construtor de sites. Sua marca está pronta, seu produto ou serviço é de primeira classe, mas você não tem um site para ser encontrado na internet – ou o seu é antigo, ultrapassado. O Wix é um serviço de criação de site, hospedagem e domínio. Oferece muitas categorias de templates e é possível editar ali mesmo, na plataforma.

3 Yola!

3. PowToon – Vídeos animados

Às vezes um vídeo com uma animação simples faz milagres para o entendimento do seu produto ou serviço. No PowToon você não precisa de muito talento pra se resolver sozinho.
Teste também o Video Scribe.

4 SurveyMonkey - Pesquisas

Nada melhor como ouvir seus cientes para oferecer um produto – ou serviço – cada vez melhor a eles. A versão gratuita do SurveyMonkey permite até 100 respostas por questionário. Para uso mais geral de formulários online, tente o Wufoo.

5 Quick Sprout - para aumentar o trafico dos sites

Não sabe avaliar se seu site está se saindo bem em buscas ou se tem boa performance? O Quick Sprout faz isso para você, aponta erros, sugere correções e ainda compara com três concorrentes para você melhorar seu tráfego orgânico.

Use também o MOZ Open site Explorer.

6. MailChimp - Envio de e-mails

Você construiu um bom mailing e gostaria de mandar novidades para esse pessoal, mas não sabe como fazer isso sem pagar uma empresa especializada em disparar e-mails marketing. O MailChimp dispara para até 2.000 emails e disponibiliza templates que ajudam a construir uma newsletter profissional. Tente também o Mad Mimi.

7 SEMRush – dados competitivos para profissionais de Marketing Digital - Análise de palavras chave

Descubra que palavras chave os seus concorrentes estão comprando e monte um plano de Adwords com o SEMRush.

O SpyFu é uma ótima alternativa
8) Resultados Digitais - Marketing digital

Plataforma brasileira completa que ajuda a criar tráfego para seu site, a entender seu público e a criar conteúdos de interesse para ele. Indicado para geração de leads e vendas.

8. Uma alternativa ainda mais completa, e bem mais cara, é o HubSpot.

9. Fábrica de Aplicativos – ferramenta para criação de um app para Android ou IOS

A Fábrica de Aplicativos é uma plataforma online brasileira que te ajuda a criar aplicativos de forma simples e rápida (conteúdo, localização, preços, etc.) . Teste também o Mobile Roadie.

10 Zendesk - software para gerenciamento de chamadas de clientes

Plataforma de atendimento via múltiplos canais inclui chat online, automações, mídias sociais , ajudam a manter um contato cuidadoso com quem faz sua empresa crescer.. A empresa atua em 8 paises e tem escritório inclusive em são Paulo.
Tente também o Desk.

11.GotoWebinar:

O Citrix GoToWebinar é a ferramenta simples e econômica para hospedagem em tempo real de eventos online que atrai o público. Você pode, facilmente, convidar até 1.000 participantes e envolvê-los com vídeo de alta definição, compartilhamento de tela, ferramentas interativas e muito mais.

Para grandes audiências, treinamento on line, free durante 30 dias.

Os webinars são uma ótima maneira de oferecer suporte para a geração de clientes para o seu negócio. Educar e informar o seu público-alvo para angariar interesse e gerar mais vendas. Se tudo isso não bastasse, o GoToWebinar integra-se com muitos sistemas de automação de marketing populares que monitoram clientes.

FERRAMENTAS FINANCEIRAS

As finanças da sua empresa

O Zero Paper oferece um programa financeiro online mais simples que uma planilha. Em poucos passos, você terá controle financeiro organizado das suas contas a pagar e a receber, e poderá extrair relatórios dos resultados do seu negócio.

17. A SELEÇÃO DE UMA IDEIA GANHADORA

Depois de termos feito a seleção de uma ideia vencedora é elaborada :

- Analise de Viabilidade Técnica
- Analise de Viabilidade Econômica
- Analise de Grau de risco
- Resultado Esperado ($)
- Analise de Viabilidade do Momento Certo

Ideia selecionada como Exemplo:
Desenvolvimento de aplicativo para projeto educacional de capacitação técnica em áreas onde há falta de pessoal qualificado, para maiores de 18 anos, patrocinado por empresas, fazendo uso de móbile (Smartphone e Tablet).
Os programas com ajuda de celulares inteligentes podem ser para:

a. qualificação técnica para maiores de 18 anos, e

b. programa de alfabetização para idosos.

O projeto atende as necessidades de qualificação técnica dos jovens e alfabetização dos idosos.

A oportunidade para a empresa é grande e espera-se grande crescimento do mercado de uso do smarthphone para fins educacionais.

A ideia é viável técnica e financeiramente, com possibilidades de bons lucros. Os riscos são baixos e o projeto está em sintonia com os objetivos da empresa.

17.1 Viabilidade Técnica

Serão utilizados, no desenvolvimento do aplicativo, analistas, programadores, designers e pedagogos. O Programa piloto de alfabetização seria testado em cidades do Estado de São Paulo.

17.2 Viabilidade Econômica

A taxa de analfabetismo na população de 15 anos ou mais de idade caiu de 13,63% em 2000 para 9,6% em 2010. O Brasil tinha 16.294.889 analfabetos nessa faixa etária (2000) e dados do Censo 2010 apontam 13.933.173 pessoas analfabetas, sendo que 39,2% desses eram de idosos.

17.3 Grau de risco

HORIZONTE: 1 (BAIXO)

17.4 Resultado Esperado ($)

A tecnologia pode transformar o processo educativo. A tecnologia é uma realidade nas nossas vidas e é uma coisa com que se lida no dia a dia.

17.5 Viabilidade do Momento Certo

O Brasil precisa, urgentemente, acabar com um grande número de analfabetos, principalmente entre os idosos, e qualificar sua mão de obra. Vivemos o apagão da mão de obra. Falta mão de obra qualificada.

18 O PROJETO DE INOVAÇÃO: 4 FASES E

O Projeto de Inovação possui 4 fases e 4 porteiras:
a. Ideação: seleção de uma ideia ganhadora;
b. Elaboração: de um Plano Infalível;
c. Execução do plano: decisão estratégica;
d. Fechamento: uma lição introjetada.

As atividades de incubação e de execução são atividades complementares:
- na fase da Incubação, analisa-se a viabilidade técnica, econômica e financeira e de risco de desenvolver ou não a ideia selecionada;
- na fase de Execução, pensa-se na execução das atividades previstas no plano, elaborado na fase anterior, de elaboração;

Fases do projeto de inovação

FASES E PORTEIRAS DO PROJETO DE INOVAÇÃO

```
┌─────────────────┐
│   Incubação     │      • Idéias ganhadoras
└────────┬────────┘      • Parte A - Como saindo de A chegar a B ?
         │               • Parte B - Como chegar de A até B ? (desenho)
         ▼
┌─────────────────┐
│ Elaboração do   │      • Plano de voo infalível
│     Plano       │
└────────┬────────┘
         │
         ▼
┌─────────────────┐
│ Excução do      │      • Decisão estratégica
│     Plano       │
└────────┬────────┘
         │
         ▼
┌─────────────────┐
│  Fechamento /   │      Lição introjetada
│    Digestão     │
└─────────────────┘
```

18.1 Incubação

Prática grega executada em templos, onde, em sonho, doentes buscavam curar suas enfermidades.

É visualizar o futuro; elaborar, mentalmente, o projeto decorrente da ideia selecionada, fazer crescer, desenvolver, substantivar uma ideia.

Na fase da Incubação, é elaborado o Plano de Trabalho de Inovação, contendo duas partes:

Parte 1: Programação da incubação - Como, saindo de A, posso chegar a B?

Parte 2: Programação da incubação - Montagem de um modelo para execução - Como, saindo de A, posso chegar a B?

Parte 1: Programação da Incubação
Como, saindo de A, posso chegar a B?

Tendo:

- Restrições de Recursos financeiros : R$1milhão;
- Fontes:

A. Recursos da empresa: R$ 500 mil;

B. Sebraetec, não reembolsável: R$ 500 mil;

- Premissas consideradas.

Montagem do Plano Físico-Financeiro: mês, valor e atividade.

Parte 2: Programação da incubação, montagem de um modelo, execução .

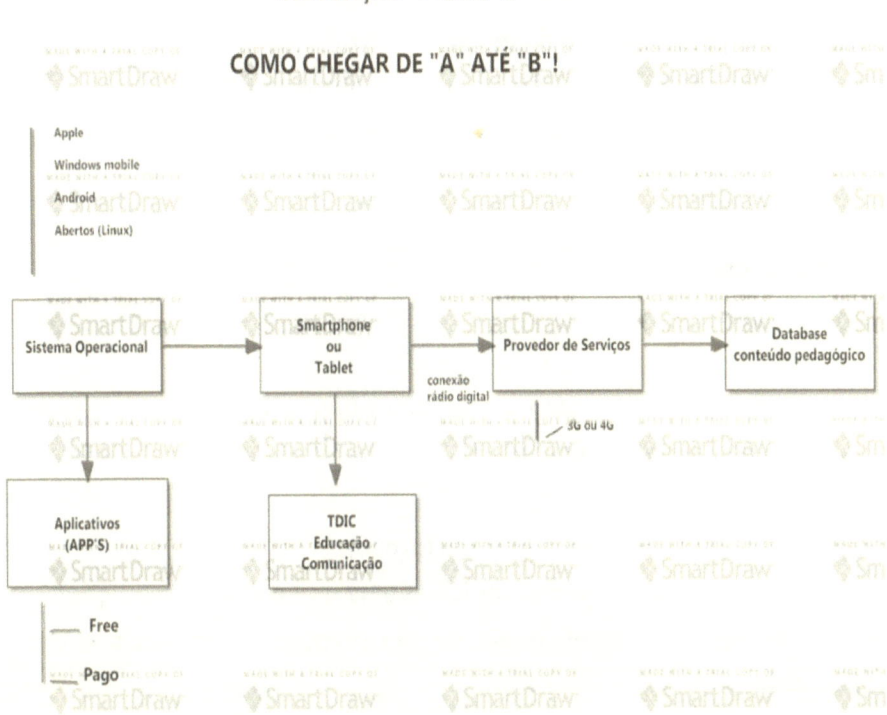

18.2. Elaboração do Plano de Inovação

Nesta fase, a ideia ganhadora se transformou em plano.

Verificados todos os riscos do projeto e eliminadas incertezas, sabe-se que se consegue controlar qualquer situação e gerenciar o projeto, que há na equipe toda experiência para enfrentar riscos e que se dispõe de sistema formal de documentação (agenda de reuniões, atas, documentos do projeto).

Atividades previstas na Elaboração do Plano:

a. Definir a estratégia do projeto alinhada com a estratégia geral da empresa;

b. Definir o mercado alvo em função das novas ênfases do Marketing, que são:

- **Solução (produto);**
- **Valor sustentável para entrega (preço);**
- **Acesso ao ponto de distribuição (promoção);**
- **Reputação e Confiança (praça).**

c. Definir componentes físicos da infraestrutura;

d. Selecionar um parceiro estratégico, não apenas fornecedor;

e. Negociar apoio tecnológico por meio de solução integrada.

18.3 Execução do Plano

a. Definido o mercado alvo para a empresa atuar em função das novas ênfases do Marketing, que são:

- Definida solução (produto);
- Definido valor sustentável para entrega (preço);
- Definido acesso ao ponto de distribuição física do produto (promoção) (folders, folhetos, rádio local, mídia escrita distribuída no Metrô e em pontos de ônibus etc.);
- Reputação e Confiança (empresa dispõe de experiência e bom nome na praça).

b. Selecionado um parceiro estratégico, não apenas fornecedor.

c. Definidos componentes físicos da infraestrutura entre empresa e fornecedor.

d. Negociado apoio tecnológico de solução tecnológica integrada

18.4 Fechamento

Nesta etapa, é feita a reflexão sobre tudo que aconteceu durante o trabalho de execução do plano.
Em algumas situações, durante a execução, pode ser necessário retornar para a fase de elaboração do plano.

Exercício em Grupo : Como elaborar um Plano de Inovação

A liderança de uma empresa no mercado depende de sua capacidade de realizar inovações em produtos, processos de produção e modelos de negócio.
Para que a inovação aconteça nas empresas, é preciso gerar ideias. Fazer a ideação.
A Criatividade é a base da geração de ideias.
São várias as técnicas de geração de ideias utilizadas pelas empresas para gerar ideias que, posteriormente, serão selecionadas e desenvolvidas em diversas etapas até sua completa implementação como inovação de produto processo ou modelo de negócio.

1. Crie 5/10 Ideias inovadoras em produtos, processos ou modelos de negócio.
2. Selecione uma ideia vencedora entre as ideias geradas.
3. Para a ideia selecionada, elabore as 4 fases da inovação, passando pelas 4 porteiras.

As fases da inovação são:
- Incubação,
- Elaboração do plano,
- Execução do plano e
- Fechamento.

19. A legislação brasileira de Incentivos à Inovação

A legislação brasileira de Incentivos à Inovação envolve um conjunto de leis :

- Lei federal de inovação;
- Leis estaduais de inovação:

São Paulo, Minas Gerais, Rio de Janeiro, Amazonas, Pernambuco, Bahia, Ceará, Amazonas, Sergipe, Mato Grosso, Paraná, Santa Catarina, ...

- Cap. III da Lei do Bem

1. A Lei Federal de Inovação

Lei no. 10.973, de 2 de dezembro de 2004

- "Dispõe sobre incentivos à inovação e à pesquisa científica e tecnológica no ambiente produtivo e dá outras providências".

- Regulamentada pelo decreto n° 5.563 de 10/2005 : Regula a Lei n° 10.973/2004: Medidas de incentivo à inovação e pesquisa científica e tecnológica no ambiente produtivo, para capacitação, autonomia tecnológica e desenvolvimento industrial.

(arts. 218 e 219 CF 88).

O centro de atenção é a ICT – Instituição Científica e Tecnológica

2.0 Conceito de ICT

• Lei Federal de Inovação:

– Instituição Científica e Tecnológica - ICT: O órgão ou a entidade da administração pública que tenha por missão institucional, dentre outras, executar atividades de pesquisa básica ou aplicada de caráter científico ou tecnológico;

• Lei Mineira de Inovação:

– Instituição científica e tecnológica do Estado de Minas Gerais - ICTMG

O órgão ou a entidade integrante da estrutura da administração pública estadual direta ou indireta que tenha por missão institucional executar atividades de pesquisa básica ou aplicada, de caráter científico ou tecnológico;

– Instituição científica e tecnológica privada – ICT Privada

Organização de direito privado sem fins lucrativos dedicada à inovação tecnológica;

Principais Pontos: Lei Federal de Inovação

• Autoriza a incubação de empresas dentro de ICTs;
• Permite a utilização de laboratórios, equipamentos e instrumentos, materiais e instalações das ICTs por empresa;
• Facilita o licenciamento de patentes e transferência de tecnologias desenvolvidas pelas ICTs;
• Introduz a participação dos pesquisadores das ICTs nas receitas;
• Autoriza a concessão de recursos diretamente para a empresa (Subvenção Econômica);

- Prevê novo regime fiscal que facilite e incentive as empresas a investir em P&D (Lei do Bem);
- Autoriza a participação minoritária do capital de EPE cuja atividade principal seja a inovação;
- Autoriza a instituição de fundos mútuos de investimento em empresas cuja atividade principal seja a inovação.

INCENTIVOS DIRETOS = SUBVENÇÃO ECONÔMICA
IV - DO ESTÍMULO À INOVAÇÃO NAS EMPRESAS

Art. 19

A União, as ICT e as agências de fomento promoverão e incentivarão o desenvolvimento de produtos e processos inovadores em empresas nacionais e nas entidades nacionais de direito privado sem fins lucrativos voltadas para atividades de pesquisa, mediante a concessão de recursos financeiros, humanos, materiais ou de infra-estrutura, a serem ajustados em convênios ou contratos específicos, destinados a apoiar atividades de pesquisa e desenvolvimento, para atender às prioridades da política industrial e tecnológica nacional.

INCENTIVOS INDIRETOS = INCENTIVOS FISCAIS

VI – DISPOSIÇÕES FINAIS

Art. 28

A União fomentará a inovação na empresa mediante a concessão de incentivos fiscais com vistas à consecução dos objetivos estabelecidos nesta Lei.

3 **Lei do Bem - Visão Geral**

- MP do Bem, depois Lei do Bem (Capítulo III da Lei n° 11.196 - 11/2005)

– Prevista na Lei de Inovação;

– Cria incentivos fiscais de apoio às atividades de pesquisa, desenvolvimento e inovação tecnológica das empresas;

– Regulamentada pelo decreto n° 5.798 de 06/2006.

- Vários capítulos da MP e da Lei] do Bem

– "Institui ; dispõe sobre incentivos fiscais para a inovação tecnológica; altera o ...".

– Capítulo III - DOS INCENTIVOS À INOVAÇÃO TECNOLÓGICA

- O centro de atenção é a empresa.

5. Incentivos Fiscais da Lei do Bem

- Dedução de 100% dos dispêndios com Inovação Tecnológica da Base de Cálculo (BC) do IR e da CSLL;

- Dedução de mais 60% (100+60=160%) dos dispêndios com Inovação Tecnológica da Base de Cálculo (BC) do IR e da CSLL;

- Dedução de mais 20% (160+20=180%) dos dispêndios com Inovação Tecnológica da Base de Cálculo (BC) do IR e da CSLL, incrementando o número de pesquisadores (RH);

- Dedução de mais 20% (180+20=200%) dos dispêndios com Inovação Tecnológica da Base de Cálculo (BC) do IR e da CSLL, através de pagamentos vinculados a patente concedida ou cultivar registrado;

- Redução de 50% de IPI na aquisição de equipamentos, máquinas, aparelhos e instrumentos novos, destinados à P&D de Inovação Tecnológica;

- Depreciação Acelerada integral no ano da aquisição, de equipamentos, máquinas, aparelhos e instrumentos novos, destinados à P&D de Inovação Tecnológica;

• Amortização Acelerada na aquisição de bens intangíveis, vinculados exclusivamente às atividades destinadas à P&D de Inovação Tecnológica;

• Crédito do imposto de renda retido na fonte, de remessas para o exterior de *royalties*, assistência técnica ou científica e de serviços especializados, de contratos de transferência de tecnologia;

• Redução a zero da alíquota do imposto sobre a renda retido na fonte nas remessas efetuadas para o exterior destinadas ao registro e manutenção de marcas, patentes.

20.1. PLANO BRASIL MAIOR: INOVAÇÃO E COMPETITIVIDADE

1.1 PLANO BRASIL MAIOR (2011): conjunto de programas.

- Investir em inovação para aumentar produtividade e competitividade da economia brasileira.

- Inovação é um dos fatores básicos do Modelo de Desenvolvimento.

Ações:
- ampliar investimento,
- dar maior apoio a projetos de risco,
- fortalecer relações empresas X ICT´S X setor público,
- definir áreas estratégicas.

COMPETITIVIDADE

1.2 Plano Inova Empresa (2013): composto por vários planos nas áreas consideradas estratégicas.

Investimento total: R$ 32,9 bilhões, sendo:

a. crédito;

b. Subvenção econômica: aplicação de recursos públicos não reembolsáveis em empresas, que desenvolvam projetos estratégicos de inovação, compartilhando custos e riscos nas atividades de PD&I;

c. Não reembolsáveis;

d. Renda variável.

Instituições parceiras: ANP, ANEEL (ENERGIAS RENOVÁVEIS), SEBRAE (MPE) e ANATEL.

Instrumentos: carta convite e chamada publica

20.2 AGÊNCIAS DE FOMENTO À INOVAÇÃO

Os principais instrumentos de apoio à inovação nas empresas concentram-se no Ministério da Ciência, Tecnologia e Inovação- MCTI.
O MCTI gerencia alguns programas diretamente, mas em geral os recursos financeiros são repassados às empresas através de suas agências, a Financiadora de Estudos e Projetos (FINEP) e o Conselho Nacional de Desenvolvimento Científico e Tecnológico (CNPq).
No caso dos incentivos fiscais, a auditoria tributária é de responsabilidade exclusiva da Secretaria da Receita Federal do Brasil- RFB. Para usufruir dos incentivos fiscais da Lei do Bem, as empresas não precisam apresentar previamente um projeto de desenvolvimento tecnológico, sendo o usufruto de forma automática.
Tanto para a empresa beneficiária da Lei do Bem, quanto àquela da Lei de Informática ,fica obrigada a apresentar ao MCTI, por meio eletrônico, as informações anuais sobre os seus programas de pesquisa e desenvolvimento para inovação tecnológica, cujo prazo é 31 de julho do ano subsequente a cada exercício fiscal (o formulário está disponível no site do MCTI).
A Lei do Bem autoriza que as empresas usufruam os incentivos e,somente no ano seguinte, apresentem um relatório ao MCTI. Anualmente, o Ministério,

após a análise das informações recebidas, envia à RFB um relatório consolidado.

Tipos de financiamento

No âmbito federal, existem instituições que oferecem empréstimos para a inovação nas empresas, seja para projetos de pesquisa e desenvolvimento tecnológico, para a construção de laboratórios ou para a compra de novos equipamentos.
O MCTI possui uma série de instrumentos, alguns operados diretamente por ele, outros através da FINEP e do CNPq. O BNDES, vinculado ao Ministério do Desenvolvimento, Indústria e Comércio Exterior (MDIC), também possui programas de apoio financeiro à inovação nas empresas.

Modalidades de Financiamento

Financiamento não reembolsável

- Organizações privadas sem fins lucrativos e instituições públicas.
- Empresas
- Subvenção econômica: aplicação de recursos públicos não reembolsáveis diretamente em empresas, para compartilhar com elas os custos e riscos inerentes a tais atividades.
- Lançados editais temáticos de subvenção.

Financiamento reembolsável

Crédito concedido a instituições que demonstrem capacidade de pagamento e condições para desenvolver projetos de P, D&I.

As instituições de fomento oferecem para incentivar a inovação de produtos e , serviços e processos nas empresas:

20 .2 BNDES

Programas BNDES à Inovação

- **BNDES Soluções Tecnológicas**

O Banco Nacional de Desenvolvimento Econômico e Social (BNDES) anunciou, o lançamento do BNDES Soluções Tecnológicas, linha de financiamento cuja estrutura operacional será análoga ao Finame - crédito voltado à aquisição de máquinas e equipamentos .

A nova linha do banco é focada na aquisição de soluções para melhorar e inovar produtos e processos em empresas de qualquer porte, atividade ou região do País.

A taxa de juros será definida conforme o porte da empresa:

• No caso de micro, pequenas e médias, o custo será formado pela Taxa de Juros de Longo Prazo (TJLP), hoje em 6%, mais 1,5%, além de 0,1% de intermediação financeira. A participação máxima da instituição será de 70% dos itens financiáveis.

• Para empresas médias-grandes e grandes, o custo será a TJLP acrescida de 1,2%, mais 0,5% de intermediação financeira. Neste grupo, a parcela máxima do BNDES no financiamento será de 50%.

• Em ambos os casos, o prazo total máximo será de 60 meses, com previsão de 24 meses de carência. A iniciativa está na fase de credenciamento de fornecedores.

Com o novo produto, o banco pretende aumentar a taxa de inovação das empresas brasileiras, estimular o mercado nacional de desenvolvimento de tecnologias, aumentar a competitividade das empresas brasileiras demandantes de tecnologia, principalmente as MPMEs, e alinhar as práticas dos fornecedores de soluções tecnológicas às necessidades estratégicas do mercado".

Além do financiamento ao serviço de aplicação ou customização da tecnologia, poderão ser financiados itens como:
testes,
ensaios,
certificações,
modificações de layout para melhoria do processo organizacional, treinamentos para o usuário final da tecnologia, dentre outros.

O financiamento terá como foco a comercialização de tecnologias que já se encontrem disponíveis para aplicação. O BNDES esclarece que a pesquisa e o desenvolvimento de novas tecnologias já contam com outros instrumentos de apoio do banco. "O produto preenche uma lacuna na gama de instrumentos financeiros disponibilizados pelo BNDES para investimentos em inovação"

• Cartão BNDES e o apoio à inovação

O Cartão BNDES é um crédito rotativo e pré-aprovado, destinado às MPMEs para o financiamento de investimentos e aquisição de produtos credenciados com Pagamento em até 48 meses.

No setor de inovação, os itens passíveis de apoio do Cartão BNDES são:

- serviços de P,D&I:

  extensão tecnológica;
  desenvolvimento de embalagens;
  design, ergonomia e modelagem de produto;
  prototipagem;
  resposta técnica de alta complexidade;
  projeto de experimento;
  avaliação de viabilidade e pedido de registro de propriedade intelectual;
  técnico-especializados em eficiência energética e impacto ambiental;
  aquisição de conhecimentos tecnológicos e transferência de tecnologia;
  metrologia, normalização, regulamentação técnica e avaliação da conformidade (inspeção, ensaios, certificação e outros procedimentos de autorização).

- contrapartida financeira de MPME em programas executados pelo MCT/ Finep voltados para projetos de inovação e extensão tecnológica em cooperação com instituições científicas e tecnológicas – ICTs;
-
- serviços de avaliação e implementação da qualidade de produto e processo de software.

20..2.1 Finep

A FINEP é a principal agência de fomento e financiamento para inovações em produtos, processos e serviços. Ela trabalha em parceria com empresas, institutos e centros de pesquisa, organismos governamentais, agências multilaterais internacionais, investidores e entidades do terceiro setor.

A atribuição de financiar todo o sistema de ciência, tecnologia e inovação (C,T&I),combinando recursos reembolsáveis com recursos não reembolsáveis, proporciona um grande poder de indução de atividades essenciais para o aumento da competitividade do setor empresarial brasileiro. Ela apoia, ainda, a incubação e o desenvolvimento de empresas nascentes de base tecnológica, a implantação de parques tecnológicos, a estruturação e consolidação dos processos de pesquisa, desenvolvimento e inovação em empresas já estabelecidas e o desenvolvimento de me

ela oferece empréstimos reembolsáveis em diferentes condições de pagamento, recursos não reembolsáveis (subvenção econômica), investimento em fundos de capital de risco (venture capital) e investimento direto (participação acionária), modalidade em que ela participa como sócia do empreendimento.

Para setores e área tidas como prioritária na política de C,T&I do governo federal, a FINEP oferece a possibilidade da integração de todos os diferentes instrumentos (Programas INOVA).
A FINEP estimula a inovação com os objetivos de aumentar a competitividade das empresas brasileiras nos mercados nacional e internacional, apoiando sua inserção em mercados globais, de revertera vulnerabilidade externa nos segmentos intensivos em tecnologia, de estimular a implantação de atividades contínuas de P&D nas empresas e a participação do capital privado em inovação, além de estruturar competências para lideranças futuras e estimular a adoção de procedimentos que promovam a sustentabilidade

Modalidades de financiamento reembolsável:

Finep Inova Brasil :

Programa FINEP Inova Brasil (Programa de Incentivo à Inovação nas Empresas Brasileiras)

constitui-se em financiamento com encargos reduzidos para apoiar Planos de Investimentos Estratégicos em Inovação das Empresas Brasileiras, detalhados em metas e objetivos pretendidos durante o período de tempo do financiamento e em consonância com o Plano Brasil Maior - PBM e as seguintes diretrizes:

- Aumento de competitividade nacional e internacional;

- Incremento de atividades de pesquisa e desenvolvimento realizadas no país e cujos investimentos sejam compatíveis com a dinâmica tecnológica dos setores em que atuam;
- Inovação com relevância regional ou inserida em arranjos produtivos locais, objeto de programas do Ministério da Ciência, Tecnologia e Inovação;

- Contribuição mensurável para o adensamento tecnológico e dinamização de cadeias produtivas;

- Parceria com universidades e/ou instituições de pesquisa do País.

O programa opera com taxas fixas e subsidiadas nos contratos de financiamento, variando entre 3% e 7% ao ano.

O programa FINEP Inova Brasil apoia projetos e planos de negócios aderentes às seguintes linhas de ação:

inovação pioneira;
inovação contínua;
inovação e competitividade;
inovação em tecnologias críticas;
pré -investimento e outras inovações.

A FINEP concede crédito a empresas que pretendem realizar investimentos intensivos em pesquisa, desenvolvimento & inovação.
Além disso, as empresas devem demonstrar capacidade de pagamento e garantias.
Os prazos de carência e amortização, assim como os encargos financeiros, são calculados em função da combinação entre os prazos de execução dos projetos ,sua geração de caixa e a capacidade de pagamento da empresa..

FINEP : Inovação em Empresas

TECNOVA:

Apoiar a inovação - por meio de recursos de subvenção econômica - para o crescimento rápido de empresas de micro e pequeno porte, com foco no apoio à inovação tecnológica.
Através de parceiros estaduais.

INOVACRED

Financiamento a empresas com ROB de até R$ 90 milhões, para desenvolver novos produtos, processos e serviços ou aprimorar os já existentes, ou ainda em inovação em marketing ou inovação organizacional.
Apoio descentralizado: agentes financeiros, estaduais, assumem o risco das operações.

Empresas com ROB de:
- até R$ 3,6 milhões (Porte I);
- entre R$ 3,6 milhões e R$ 16 milhões (Porte II);
- acima de R$ 16 milhões e até R$ 90 milhões (Porte III);

- 70% dos recursos serão direcionados para as empresas de porte I e II. As de porte I e II podem financiar entre R$ 150 mil e R$ 2 milhões, e as de porte III, até R$ 10 milhões.

Itens Financiáveis no INOVACRED

- Equipes participantes do projeto;
- Equipamentos e instrumentos (nacionais e importados);
- Material permanente;
- Matérias-primas e material de consumo;
- Compra de tecnologia;
- Assistência técnica e serviços de consultoria;
- Obras civis diretamente associadas ao projeto;
- Patenteamento e licenciamento;
- Compra de participação no capital de empresas inovadoras;
- Aluguel de material promocional pertinente à difusão da inovação;
- Diárias e passagens no País e no exterior;
- Serviços de engenharia consultiva;
- Serviços de terceiros de pessoa física no exterior;
- Acesso a banco de dados;
- Treinamento no país e no exterior, através de cursos e estágios ligados ao projeto de inovação;
- Softwares customizados;
- Concepção e desenvolvimento de software;
- Produção, instalações fabris e comercialização, quando associadas a inovações;
- Ferramental associado a desenvolvimento tecnológico.

20.3 CNPq

O CNPq concede bolsas para a formação de recursos humanos no campo da pesquisa científica e tecnológica, em universidades, institutos de pesquisa, centros tecnológicos e de formação profissional, tanto no Brasil como no exterior.

Além de promover a formação de recursos humanos em áreas estratégicas para o desenvolvimento nacional, o CNPq aporta recursos financeiros para a implementação de projetos, programas e redes de Pesquisa e Desenvolvimento (P&D), diretamente ou em parceria com os Estados da Federação.

O CNPq investe, ainda, em ações de divulgação científica e tecnológica com apoio financeiro à editoração e publicação de periódicos, à promoção de eventos científicos e à participação de estudantes e pesquisadores nos principais congressos e eventos nacionais e internacionais na área de ciência e tecnologia.

20.4 FAPESP : Fundação de Amparo à Pesquisa do Estado de São Paulo

A Fundação de Amparo à Pesquisa do Estado de São Paulo é uma das principais agências de fomento à pesquisa científica e tecnológica do país. Com autonomia garantida por lei, a FAPESP está ligada à Secretaria de Desenvolvimento Econômico, Ciência e Tecnologia do Governo do Estado de São Paulo.

Com um orçamento anual correspondente a 1% do total da receita tributária do Estado, a FAPESP apóia a pesquisa e financia a investigação, o intercâmbio e a divulgação da ciência e da tecnologia produzida em São Paulo.

20.5 A Agência de Desenvolvimento Paulista / Desenvolve SP

A Desenvolve SP também oferece linhas de crédito para investimento em projetos de inovação e desenvolvimento tecnológico. A taxa é de 7% ao ano (+ IPC - FIPE) podendo o financiamento ser pago em até 120 meses.
A Agência de Desenvolvimento Paulista também possui uma linha de crédito para financiar projetos que visam a redução de gases que provocam o Efeito Estufa. Nessa linha, a taxa cobrada pela Agência de Desenvolvimento Paulista é de 0,41% ao mês com prazo máximo de 120 meses para quitação.
Atualmente, estão disponíveis linhas de Capital de Giro ao custo de 1,12% ao mês – taxa inferior à praticada pelos bancos comerciais. Outra vantagem do empréstimo obtido junto à Agência de Desenvolvimento Paulista / Desenvolve SP é o empresário não precisar abrir conta na Agência de Desenvolvimento nem adquirir quaisquer outros serviços complementares, como seguros ou títulos de capitalização, o que onera ainda mais o crédito nos bancos comerciais. Há uma modalidade para a linha de Capital de Giro chamada LEP - Linha Especial Parcelada, com taxa de 1,12% ao mês e prazo de 24 meses.

21 LEI DO BEM e os incentivos fiscais à Inovação

Lei do Bem: 11.196/2005

Com foco nas empresas, concede incentivos fiscais às empresas, principalmente as dos setores prioritários da política econômica – artigo 19 - A.

Foi regulamentada pelo decreto n° 5.798/ 2006 e concede Incentivos fiscais para atividades de PD&I. (artigos 17 a 26 - Lei 11.196/ 2005)

O Decreto n° 5.798/ 2006 foi posteriormente alterado pelo decreto 6.909/2009.

Lei de Inovação Federal ; LEI 4506/ 64

Lei de Inovação Federal:

Art. 2º, IV, "Inovação: Introdução de novidade ou aperfeiçoamento no ambiente produtivo ou social que resulte em novos produtos, processos ou serviços".

Estados

Lei Mineira de Inovação:
Art.2º, I, inovação tecnológica: "concepção de novo produto ou processo de fabricação e a agregação de utilidades ou características a bem ou processo tecnológico existente, que resultem em melhoria de qualidade, maior competitividade no mercado e maior produtividade".

Lei do Bem

Art. 17º, § 1º: "Considera-se inovação tecnológica a concepção de novo produto ou processo de fabricação, bem como a agregação de novas funcionalidades ou características ao produto ou processo que implique melhorias incrementais e efetivo ganho de qualidade ou produtividade, resultando maior competitividade no mercado".

A IN RFB 1.187/2011 disciplina incentivos fiscais PD&I previstos na Lei do Bem.

Por que utilizar a Lei do Bem?

Para alavancar a inovação nas empresas, de modo a deixá-las competitivas.

A Lei do Bem - lei de benefícios fiscais:

- permite retorno de até 33% do investimento feito pela empresa em inovação de produtos ou processos.

Exemplo: se a empresa investiu 3 milhões em inovação, ela terá o benefício aproximado de 1 milhão.

Critério de participação: a empresa deve declarar IRPJ como optante pelo Lucro Real e ter impostos a pagar.

Requisitos para usar os benefícios da Lei do Bem

Para fazer jus ao principal benefício da Lei do Bem, ou seja, exclusão adicional dos dispêndios, a lei exige que a empresa:

- Apure seus tributos pelo Lucro Real;
- tenha obtido lucro fiscal no exercício em questão;
- esteja regular com suas obrigações fiscais;
- rastreabilidade dos dispêndios dos projetos de P,D&I;e
- invista nas atividades de P,D&I.

Investimento em P.D&I :

Inovação nada mais é do que a exploração bem-sucedida de uma nova ideia que traga utilidade à empresa. A inovação pode se traduzir na criação de um novo produto ou processo, ou até mesmo a melhoria dos processos já existentes.

É importante observar que a Lei não oferece incentivo a qualquer tipo de inovação, mas tão somente para aquelas de natureza tecnológica. Assim, inovações organizacionais, comerciais e de marketing, por exemplo, não estão contempladas pelas hipóteses de concessão previstas na Lei do Bem.

INCENTIVOS FISCAIS

Despesas operacionais: classificadas pela legislação do IRPJ realizadas em PD&I, no ano base considerado.

Lucro bruto: resultado do total de receitas menos o total de despesas de uma empresa, não considerando a dedução de IR.

Lucro líquido: ganho por ação após a dedução de imposto de renda, calculado por meio da divisão do lucro líquido de uma empresa pelo número existente de ações.

Lucro Real:

CSLL : pessoa jurídica optante pelo Lucro Real, Presumido ou Arbitrado deverá recolher a Contribuição Social sobre o Lucro Líquido.

9% - INDÚSTRIA, COMÉRCIO E SERVIÇOS.

Benefícios da Lei do Bem

A empresa que investe em inovação tecnológica pode contar com os seguintes benefícios fiscais:

Exclusão adicional, para fins de apuração do IRPJ e da CSLL, de percentual que pode variar entre 60% e 100% da totalidade dos dispêndios com P,D&I;

exclusão, para fins de apuração do IRPJ e da CSLL, de no mínimo 50% e no 250% dos dispêndios efetuados em projetos de P,D&I a ser executado por Instituição Científica e Tecnológica (ICT) pública ou privada;

redução de 50% de IPI incidente na aquisição de máquinas e equipamentos exclusivos às atividades de P,D&I;

depreciação integral de máquinas e equipamentos exclusivos às atividades de P,D&I;

amortização acelerada de bens intangíveis exclusivos às atividades de P,D&I;

redução a zero da alíquota do IRRF incidente sobre despesas com registro e manutenção de marcas, patentes e cultivares no exterior.

A Lei do Bem propõe formas de diminuir a base de calculo para IR:

8.1 Dedução integral (100%) do total dos gastos com PD&I classificados como despesa operacional, para apuração do Lucro Líquido, realizados no ano base de cálculo para apuração do IRPJ e CSLL.

Base legal: artigo 17, inciso da Lei 11196/2005, e artigo 349 do Regulamento do Imposto de Renda - RIR/1999.

8.2 Dedução parcial adicional: 60% a 100% do total dos gastos com PD&I para efeito da apuração do IRPJ e CSLL, sendo:

60%: exclusão adicional dos gastos com P&D, sem qualquer condicionante.

Adição de até 20%, no caso de incremento do número de pesquisadores a PDI, sendo:

- +10%: se empresa aumentar o numero de pesquisadores dedicados exclusivamente às atividades de PD&I em até 5%, em relação à média de pesquisadores em relação ao ano anterior.

- +10%: se empresa aumentar o número de pesquisadores dedicados exclusivamente às atividades de PD&I acima de 5%, em relação à média de pesquisadores em relação ao ano anterior.

Adição de mais 20%, em caso de patente concedida ou cultivar registrado

Cálculo do Beneficio Adicional

- pagamentos realizados a PJ domiciliadas no país;
- pesquisadores contratados, com registro em carteira, exclusividade de atuação em PD&I e escolaridade:
Graduado;
Pós-graduado;
Tecnólogo;
Técnico de nível médio.

Base legal: decreto 5.798/2006, art. 2, inciso III.

Metodologia de cálculo de incremento de pesquisadores

Empresas optantes: artigo19 - A da Lei 11.487/07
Opção: Lei 11.196/2005 passa a vigorar acrescida do artigo 19 - A;

8.3 Empresa pode optar por excluir, do lucro líquido e da base de cálculo da CSSL, os dispêndios efetuados em PD&I executados por ICT'S, para apuração do lucro real - artigo 19 - A.
A opção da empresa pode ser excluir:
a. mínimo: metade do valor dos dispêndios, ou
b. máximo: 2,5 vezes o valor dos dispêndios.

Lucro Real (base de cálculo para IR e CSLL) = LL − Dispêndios executados por ICT'S

Outros benefícios

8.4 Redução de 50% do IPI na compra de máquinas, equipamentos, aparelhos e instrumentos (nacionais ou importados) destinados ao uso exclusivo de pesquisa tecnológica e desenvolvimento de inovação tecnológica;

8.5 Redução a zero da alíquota do IR incidente sobre remessas financeiras ao exterior destinadas aos pagamentos de registro, manutenção de marcas, patentes;

8.6 Depreciação Acelerada Integral (dedução LL) sem prejuízo da depreciação normal, dos gastos com equipamentos, máquinas, aparelhos e instrumentos no próprio período de aquisição, destinados à PD&I para fins de IRPJ e CSLL;

8.7 Amortização Acelerada (dedução LL) dos dispêndios relativos à aquisição de bens intangíveis destinados à PD&I, no Ano Base.

Depreciação Acelerada Integral

8.6 Depreciação Acelerada Integral (dedução LL) sem prejuízo da depreciação normal, dos gastos com equipamentos, máquinas, aparelhos e instrumentos no próprio período de aquisição, destinados à PD&I, para apurar lucro Real e base de calculo da CSLL.

Depreciação normal (contábil) cf. turnos de trabalho.
    + depreciação acelerada do valor integral do gasto, no ano de compra, novo.
    = Total da depreciação acumulada: não pode ser maior que custo de aquisição do equipamento comprado.

Depreciação Contábil
  Bem: computador
  Vida Útil: 3 anos
  Valor: R$ 2.100,00
  Depreciação Anual = R$ 2.100,00 = R$ 700,00 (3)
  Depreciação Mensal = R$ 700,00 = R$ 58,33 (12)

Os prazos considerados pela RFB I de vida útil de um bem são:
- instalações e maquinário têm vida útil de 10 anos;
- equipamentos e veículos têm vida útil estimada em 5 anos;
- computadores têm uma vida útil de, aproximadamente, 3 anos.

Em determinadas atividades, máquinas e equipamentos podem sofrer desgastes mais rápidos, e em outras, a substituição de tecnologia deve ser constante.

levar todos os aspectos do negócio] em consideração na hora de calcular a depreciação.

Depreciação Acelerada

Contábil: relativa à diminuição acelerada do valor dos bens móveis, resultante do desgaste pelo uso em regime de operação superior ao normal, calculada com base no número de horas diárias de operação. (RIR/1999, art. 312);

Depreciação acelerada incentivada
  Considerada como benefício fiscal pela legislação tributária para fins da apuração do lucro real, sendo registrada no Lalur, sem qualquer lançamento contábil. (RIR/1999, art. 313)

Qual o critério para aplicação da depreciação acelerada para fins de registro na contabilidade?
  Nos bens móveis, poderão ser adotados, em função do número de horas diárias de operação, os seguintes coeficientes de depreciação acelerada: (RIR/1999, art. 312):

1,0 – para um turno de 8 horas de operação;
1,5 – para dois turnos de 8 horas de operação;
2,0 – para três turnos de 8 horas de operação;

Nessas condições, um bem cuja taxa normal de depreciação é de 10% (dez por cento) ao ano, poderá ser depreciado em 15% (quinze por cento) ao ano, se operar 16 horas por dia, ou 20% (vinte por cento) ao ano, se em regime de operação de 24 horas por dia.

Amortização Acelerada

8.7 Amortização Acelerada (dedução LL) dos gastos com aquisição de bens intangíveis destinados à PD&I, no Ano Base, para apurar IRPJ (não se aplica a base de calculo do CSLL).

Amortização normal (contábil)
+ amortização acelerada do valor integral do gasto, no ano de compra
= Total da amortização acumulada, não pode ser maior que o custo de aquisição do ativo intangível de tecnologia comprado.

Ativos Intangíveis
Não têm existência física, sem substância física;
Incorpóreos representados por bens e direitos de uma organização. Possuem valor e podem agregar vantagens competitivas: Marca, Patente, Tecnologia, Licenciamentos, direito de exploração de serviço e outros.
Desmembramento do ativo imobilizado, que, a partir da vigência da Lei 11.638/2007, com vigência a partir de 01.01.2008, passa a contar apenas com bens corpóreos de uso permanente.

Ativos intangíveis em Tecnologia
Tecnologia patenteada;
Desenhos industriais registrados;

Tecnologia não patenteada, conhecimento técnico e científico documentado;

Programas para computadores e chips de memória somente para leitura;

Topografias de circuitos integrados;

Bases de dados, incluindo seus registros históricos; e

Segredos comerciais: fórmulas, processos e receitas secretas.

Know-how; e outros como:

Marcas e nomes comerciais;

Indicações de procedência ou denominações de origem (indicações geográficas);

Certificações de atendimento a padrões (ISO 9000).

Resumo dos Benefícios da Lei do Bem

Exclusão de até 60% da base de cálculo do IRPJ, referente às despesas operacionais com inovação.

Adição de até 20%, no caso de incremento do número de pesquisadores a PDI.

Adição de até 20%, em caso de patente concedida ou cultivar registrado.

Exclusão, para efeito de apuração do IRPJ e da CSLL, de 50% a 250% dos dispêndios efetivados em projetos de pesquisa científica e tecnológica executada por Centros de Pesquisa.

Outros benefícios adicionais

Redução de 50% do IPI na compra de equipamentos destinados a PDI.

Redução a zero da alíquota do IR incidente sobre as remessas ao exterior destinadas aos pagamentos de registro de manutenção de marcas, patentes.

Depreciação Acelerada Integral (DEDUÇÃO LL) de equipamentos usados em PDI.

Amortização Acelerada (dedução LL) dos dispêndios relativos à aquisição de bens intangíveis destinados à PD&I, no Ano Base.

Quem pode se beneficiar?

Empresa brasileira que opere em Lucro Real.

2012: 1.042 empresas (100%), sendo que 75% (787) foram habilitadas. Crescimento de 8%.

Principais setores beneficiados
- Mecânica,
- Transportes,
- Eletroquímica.
- Química,
- Alimentos e
- Software.

Benefícios das Empresas tributadas pelo Lucro Real:
- exclusão adicional dos tributos;
- depreciação integral e imediata;
- amortização acelerada e imediata.

Benefícios das Empresas optantes pelo lucro Presumido
- redução de IPI;
- redução a zero da alíquota do IR;

Requisitos para benefícios fiscais da Lei do Bem
Condições gerais:
Qualquer empresa com regularidade fiscal:

- quitação de tributos federais;

- CND - Certidão Negativa de Débitos, ou

- CPD - EN - Certidão Positiva de Débitos com Efeitos de Negativa, válida referente aos dois semestres do ano calendário em que se fizer uso do benefício.

- Deve-se manter a documentação por 5 anos;

- Deve-se prestar informações ao MCTI até 31 de julho de cada ano. (Decreto 5.798/2006 e IN 1.187/2011)

Condições para benefício Exclusão Adicional

a. Empresas tributadas pelo lucro real

b. Gastos classificados como despesa operacional cf. legislação do IRPJ.

Despesas Operacionais PD&I

As despesas operacionais se enquadram em quatro Grupos de gastos:

1. Recursos Humanos;
2. Serviços de Terceiros;
3. Material de Consumo;
4. Outros

- **RECURSOS HUMANOS**

a. Salários;

b. + Encargos sociais;

c. + Encargos trabalhistas;

d. + Gastos com coordenação e acompanhamento técnico;

e. + Gastos com biblioteca e documentação;

f. + Gastos com atividades referentes a projetos de inovação.

Quais são os encargos sociais?

FGTS,

INSS,

PIS/PASEP,
INCRA,
SAT,
SISTEMA S,
SALÁRIO EDUCAÇÃO,
SALÁRIO FAMÍLIA,
AUXÍLIO PRÉ-ESCOLAR.

Quais são os Encargos Trabalhistas?
FÉRIAS,
1/3 SOBRE FÉRIAS,
HORAS EXTRAS,
LICENÇAS,
DESCANSO SEMANAL REMUNERADO,
13º SALÁRIO,
ADICIONAL DE REMUNERAÇÃO,
AUSÊNCIA REMUNERADA,
RESCISÃO CONTRATUAL,
INDENIZAÇÃO POR TEMPO DE SERVIÇO

Omissão IN RFB Nº1.187 /2011
- Educação
- Transporte
- Assistência médica, hospitalar e odontológica
- Seguro Saúde
- Seguro de vida
- Previdência privada
- Auxílio creche
- PLR
- Remuneração indireta: arrendamento mercantil, aluguel, encargos de depreciação, benefícios/vantagens concedidas aos diretores, gerentes e assessores.

IN RFB 1.187/2011 vedou uso de:

- Gastos indiretos: de coordenação e acompanhamento administrativo e financeiro.
- pessoal de serviços indiretos: como biblioteca e documentação.
- pessoal de serviços auxiliares em PD&I: segurança, limpeza, manutenção, aluguel e refeitórios.
- Há divergências: RIR X IN RFB 1.187/2011:

No RIR, apoio indireto é considerado despesa operacional.

- Serviços de Terceiros

a. Pagamentos da PJ à MPE, universidades, ICT´S, inventor independente.
b. Pagamentos PJ a médias e grandes empresas.
(Solução consulta RFB 277 de 31/10/2011)
d. Prestação de serviços técnicos: exames de laboratório e testes.

- Outras despesas diretas ou indiretas

a. Serviços de apoio técnico para implantação/manutenção de equipamentos e instalações.
b. Capacitação de RH: aferição/calibragem de máquinas/equipamentos; projeto e confecção de instrumentos; certificação de conformidade; ensaios de normalização; documentação técnica gerada, patente de produtos/processos.
c. Capacitação de pessoal de apoio técnico a pesquisadores.
d. Registro de marcas e patentes pagos.

Não foram levados em conta, mas podem ser beneficiados
- + Viagens, diárias, translados, passagens e refeições;
- + Energia, água, comunicação, frete/transporte;

Não podem ser beneficiados
- Base: IN 1.187/2011 e MCT 327/ 2010
- Gastos não operacionais com:

- Depreciação contábil;
- Gastos com obras civis;
- Pagamentos realizados PF ou PJ residentes no exterior;
- Recursos não reembolsáveis;
- Pagamentos a fornecedores terceirizados;
- Despesas industriais, administrativas e financeiras, como limpeza, segurança, aluguel, manutenção de instalações e veículos, tributos e biblioteca;

- Material de consumo
- Construção de protótipos;
- Testes e ensaios;
- Insumos;
- Abrasivos, acessórios, ferramentas;
- Livros técnicos e periódicos;
- combustível, água, gás, eletricidade;
- Participação em sociedades científicas.

Despesas não dedutíveis
- Pagamentos a residentes no exterior;
- Obras civis;
- Gestão administrativa, financeira, segurança, limpeza, manutenção, aluguel e refeitórios.

Exemplo prático: Despesas operacionais

1. Material de consumo: 500 mil
2. Serviços de terceiros: 1,0 milhão
3. Mão de obra interna: 1,5 milhão
4. Total: 4,0 milhões
- Benefício: 60% da base de cálculo
- 60% de 4 milhões = 2,4 milhões
- IRRJ 25% de 2,4 milhões = 600 mil
- CSLL 9% de 2,4 milhões = 216 mil
- Total   = 816 mil

IPI compra de equipamento
- Beneficio: 50% do IPI
- Investimento em equipamento: 2 milhões
- IPI: 20%; 50% equivale a 10% = 200mil

Valor total:
beneficio 60%: 816 mil
IPI = 200 mil
Total = 1,0 16 mil
Retorno de 25,4% do valor investido

Acréscimo de 5% no número de pesquisadores
- Benefício: 80%
- IRRJ 25% de 3,2 milhões = 800 mil
- CSLL 9% de 3,2 milhões = 288 mil
                         = 1,088
- IPI   = 200 mil
- Total   = 1,288 mil
- Retorno de 32, 2 % do valor investido.

Prestação de Informações Programas de PD&I ao MCTI

- Instruções
- Informações sobre programas.
- Prazos.
- Formulário eletrônico disponível em: www.mct.gov.br/formpd

CONCLUSÃO

Inovação depende de uma articulação precisa entre pessoas, oportunidades e visão estratégica do futuro

Vivemos em um mundo que passa por transformações de forma acelerada. O futuro será diferente. As pessoas viverão cada vez mais e o emprego de trabalho manual será substituído pelos robôs.

A consultoria McKinsey fez uma estimativa que 60 milhões de empregos industriais em escala global deverão ser substituídos por robôs até 2025. Já um estudo recente feito pelo Centro de Performance Econômica, da London School of Economics, vai contrária a essa ideia e afirmou que com os robôs alguns trabalhadores poderão até mesmo registrar uma elevação salarial.

Pessoas serão substituídas por computadores. O mundo precisa se preparar para a nova realidade e as consequências das transformações tecnológicas. É preciso criar industrias e serviços de maior valor agregado e menos primários o que só vira com investimentos em inovação.nos últimos anos o Brasil reduziu a desigualdade social. O salario mínimo e o poder de compra dos trabalhadores cresceram.

Nossa indústria patina quando precisa pivotar seu núcleo de negócios para praticas inovadoras. A saída é a inovação .utilizando as leis de incentivo , o credito subsidiado do BNDES e outros dispositivos.

É preciso simplificar o processo de investimentos em inovação e contar com o apoio do setor privado .incentivar oprojetos de inovação e empreendedorismo nas niversidades e essencial para criar mao de obra qualificada.apoiar o mercado de srtartups . Criar processos eficientes nas grandes empresas já que as amarras de suas estruturas as fazem perder velocidade,Suas equipes vivem dentro de caixas , quando processos de inovação , em geral, são visões fora da caixa.

O brasil deve começar a articular já com governo, empresas e universidades em conjunto , uma ação articulada entre as engrenagens do ecossistema de inovação

Existe um movimento das grandes empresas se aproximando de emprendedores. A razão esta relacionada ao fato de que empreendedores rompem barreiras e tragam coisas novas.

Ancorados quase sempre no lançamento de um desafio- seja na área de novos produtos, processos ou modelos de negócios , grandes empresas brasileira como Bradesco, Natura, Telefonica e Braskem abrem concursos com o objetivo de incentivar emprendedores na geração de ideias externas inovadoras, oferecendo recompensas financeiras áte a oportunidade de serem selecionados como fornecedores regulares.

A Natura , através de programa busca identificar entre startups competências para o desenvolvimento de novas tecnologias nas formulações cosméticas e em embalagens.O Programa é adicional ao nosso processo de inovação interna. Uma pessoa que opta por empreender tem uma pespectiva muito diferente daquele funcionário que temos internamente. Pensamos que trabalhando com eles vamos ganhar maior velocidade de inovação e trazer diferenciação.

A Braskem apresentou programa   Braskem labs   com o objetivo de incentivar empreendedores acom soluções de impacto socioambiental no segmento de plásticos.

A formação dos profissionais, em especial nas engenharias, é um dos temas mais sensíveis na pauta de inovação. "O modelo tradicional de educação está em xeque por uma coisa chamada Google. Você não vai ser pago só porque sabe das coisas. Estamos ensinando as coisas erradas às pessoas erradas, usando métodos ineficazes"É PRECISO TER UMA EDUCAÇÃO COM NOVOS METODOS voltada à inovação. E preciso unir a ciência dura às outras disciplinas COMO o empreendedorismo, a administração e às ciências humanas - soft skills.

A Inovação tecnológica gera riqueza . As Leis de Inovação e a Lei do Bem trazem novos incentivos fiscais ás empresas A Lei do Bem é um importante benefício para qualquer empresa Pelo apuração de lucro real.
Os serviços contratados de ICTs privadas   são classificáveis como dispêndios com Pesquisa Tecnológica e Desenvolvimento da Inovação Tecnológica
 A Inovação Tecnológica precisa estar bem caracterizada, apoiada
em conceitos sólidos de Processos de Inovação e Política Cientifica e Tecnológica;
• Os dispêndios devem estar associados às atividades de pesquisa tecnológia e desenvolvimento da inovação tecnológica

PRECISAMOS SER uma aceleradora de inovação. Nosso objetivo é construir uma ponte entre a ciência e a inovação e educar os jovens para transformar o conhecimento científico em inovação para a indústria e PARA O mercado.

Além disso, o setor privado e os governos devem se engajar para facilitar a inovação, avalia a CEO do Conselho de Competitividade dos Estados Unidos, Deborah Wince-Smith. "Num mundo multipolarizado e no qual as tecnologias avançam em várias direções, os sonhadores e realizadores precisam ter oportunidades. Por isso, precisamos de sistemas tributários, regulatórios e legais que contribuam com a inovação.

REFERÊNCIAS

BIANCHI, André. **Incentivando a Inovação:** Como Energizar seu Time. (Edição). (Local): Endeavor, 2014.

CARVALHO, Marly Monteiro. **Inovação**. (edição). (Local): Atlas, 2009.

CHRISTOVÃO, Daniela; WATANABE, Marta. **Guia Valor Tributos**. (Edição). (Local): Clobo, 2002.

DIVERSOS AUTORES. **Como alavancar inovação com o uso dos incentivos fiscais**. (Edição). (Local): Amazon, 2013.

EGGER, Daniel. **Processos de Geração de ideias:** Ideação. (Edição). (Local): (Editora), 2013.

FERRO, Ana Flávia. ***Open innovation:*** Introdução ao Conceito e Aplicações. (Edição). (Local): Natura, 2013.

NATURA. **Como se faz um perfume**. (Edição). (Local): (Editora), 2014.

PORTER, Michael E.; KRAMER, Mark R. **A Grande idéia:** Criação de valor compartilhado. (Edição). (Local): HBR, 2012.

RICOTTA, Célia. **Como Nokia perdeu o bonde da Inovação?** (Edição). (Local): (Editora), (Ano).

SERAFIM, Luiz. **O poder da Inovação**. (Edição). (Local): Saraiva, 2013.

WEST, Harry; COUTINHO, André. **Business Design**. (Edição). (Local): HBR, (Ano)

CLT 2013

RIR/99 - Regulamento do Imposto de Renda

(Autor). **Como Inovar em Negócios**, e-book. (Edição). (Local): (Editora), (Ano). Disponível em: <Amazon.com>. Acesso em: 00 jan. 2014.

(Autor). **3 M:** O que é uma empresa inovadora? (Edição). (Local): (Editora), (Ano).

(Autor). **3 M :** Princípios da inovação. (Edição). (Local): (Editora), (Ano).

Websites consultados [ORGANIZAR PELA ORDEM ALFABÉTICA DE ASSUNTO]

(ASSUNTO). Disponível em: <http://inventta.net/>. Acesso em: 00 jan. 2014.

(ASSUNTO). Disponível em: <www.anprotec.org.br>. Acesso em: 00 jan. 2014.

(ASSUNTO). Disponível em: <www.anpei.org.br>. Acesso em: 00 jan. 2014.

(ASSUNTO). Disponível em: <www.3m.com.br>. Acesso em: 00 jan. 2014.

(ASSUNTO). Disponível em: <www.mcti.gov.br>. Acesso em: 00 jan. 2014.

(ASSUNTO). Disponível em: <www.portalinovacao.mct.gov.br>. Acesso em: 00 jan. 2014.

(ASSUNTO). Disponível em: <www.talentech.com.br>. Acesso em: 00 jan. 2014.

(ASSUNTO). Disponível em: <http://businessmodelalchemist.com/tools>. Acesso em: 00 jan. 2014.

(ASSUNTO). Disponível em: <http://www.ninesigma.com>. Acesso em: 00 jan. 2014.

(ASSUNTO). Disponível em: <www.finep.gov.br>. Acesso em: 00 jan. 2014.

(ASSUNTO). Disponível em: <www.bndes.gov.br>. Acesso em: 00 jan. 2014.

(ASSUNTO). Disponível em: <www.brasilmaior.mdic.gov.br>. Acesso em: 00 jan. 2014.

(ASSUNTO). Disponível em: <http://www.businessmodelgeneration.com>. Acesso em: 00 jan. 2014.

(ASSUNTO). Disponível em: <https://strategyzer.com/app>. Acesso em: 00 jan. 2014.

(ASSUNTO). Disponível em: <http://www.portaldaindustria.com.br/iel/canal/inova-talentos/>. Acesso em: 00 jan. 2014.

(ASSUNTO). Disponível em: <http://www.endeavor.org.br>. Acesso em: 00 jan. 2014.

(ASSUNTO). Disponível em: <www.laboratorium.com.br>. Acesso em: 00 jan. 2014.

(ASSUNTO). Disponível em: <http://tecnisaideias.com.br/web>. Acesso em: 00 jan. 2014.

(ASSUNTO). Disponível em: <http://www.pgconnectdevelop.com/home/home0.html>. Acesso em: 00 jan. 2014.

(ASSUNTO). Disponível em: <http://img.tecnisa.com.br/arquivos/TrabalhosAcademicos/Case_Tecnisa_Premio_Consumidor_Moderno_2011.pdf>. Acesso em: 00 jan. 2014.

(ASSUNTO). Disponível em: <www.livrodesignthinging.com.br>. Acesso em: 00 jan. 2014.

(ASSUNTO). Disponível em: <www.cbd.org.br>. Acesso em: 00 jan. 2014.

(ASSUNTO). Disponível em: <www.dtparaeducadores.org.br>. Acesso em: 00 jan. 2014.

Informações sobre o autor:

Célia R de A .Ricota Mussi,

Economista , especialista em Inovação pela USP em 2013, com Mestrado em Administração Estratégica pela UFRRJ e doutorado em Gestão Ambiental pela Faculdade de Saúde Publica da USP.

É professora de programas de pós graduação, autora e consultora empresarial. Elabora projetos de financiamentos junto ao BNDES e FINEP e Bancos internacionais .

Dispõe de conhecimentos avançados em desenvolvimento de novos produtos e processos e modelos de negócios.

Avaliadora de Projetos na Olimpiada USP de Inovação 2013/2014.

Tem diversos cursos na área de inovação como:

- Inovação com Pespectivas Globais: construindo Start UPS Globais, Instituto Iluminante, Brasilia, 2015;

- Prototipagem – ESPM, São Paulo, 2014

- Tríplice Hélice: a Inovação em movimento, Stanford University / Anprotec, Brasilia- DF, 2014;

- TRILICIOUS: Jogo da Inovação e Estratégia, Anprotec, Brasilia, 2014;

- Como Elaborar um Plano de Negocios, UNIFEI /INCIT- Incubadora de Base Cientifica e Tecnologica, Itajubá, MG, 2015

- Drones, Instituto Iluminante ,Brasilia- DF, 17/03/2015

- A utilização de startups e agentes externos à empresa para inovação
e Como as startups podem se beneficiar de grandes empresas para escala do modelo de negócio
 Brasilia DF- Innoscience , Webinar 21/06/2015

- Analise de 22 Casos de sucesso de inovação na Cadeia de Valor de Grandes Empresas Brasileiras, CNI, 2015

www.ingramcontent.com/pod-product-compliance
Lightning Source LLC
Chambersburg PA
CBHW030630220526
45463CB00004B/1473